Lektürehilfen

Gotthold Ephraim Lessing

Emilia Galotti

von Wolf Dieter Hellberg

Klett Lerntraining

Wolf Dieter Hellberg, langjähriger Leiter eines Bonner Gymnasiums und mehrjähriger Fachleiter in der Lehrerausbildung (Deutsch).

Die Seiten- und Zeilenangaben der Lektürehilfe beziehen sich auf die Ausgabe: Gotthold Ephraim Lessing, *Emilia Galotti*, mit Materialien, ausgewählt von Rainer Siegle, Leipzig, Stuttgart, Düsseldorf: Ernst Klett Schulbuchverlag Leipzig, 2009 ISBN 978-3-12-352110-2 (Editionen mit Materialien).

Bibliografische Information der Deutschen Bibliothek
Die Deutsche Bibliothek verzeichnet diese Publikation in der Deutschen Nationalbibliografie; detaillierte bibliografische Daten sind im Internet über http://dnb.ddb.de abrufbar

Auflage   5. 4. 3. 2. | 2017 2016 2015 2014
Die letzten Zahlen bezeichnen jeweils die Auflage und das Jahr des Druckes.
Alle Rechte vorbehalten.
Dieses Werk folgt der neusten Rechtschreibung und Zeichensetzung. Ausnahmen bilden Texte, bei denen künstlerische, philologische oder lizenzrechtliche Gründe einer Änderung entgegenstehen.
„Das Werk und seine Teile sind urheberrechtlich geschützt. Jede Nutzung in anderen als den gesetzlich zugelassenen Fällen bedarf der vorherigen schriftlichen Einwilligung des Verlages. Hinweis zu § 52 a UrhG: Weder das Werk noch seine Teile dürfen ohne eine solche Einwilligung eingescannt und in ein Netzwerk eingestellt werden. Dies gilt auch für Intranets von Schulen und sonstigen Bildungseinrichtungen."
Fotomechanische Wiedergabe nur mit Genehmigung des Verlages

© Klett Lerntraining c/o PONS GmbH, Stuttgart 2012
Internetadresse: http://www.klett.de/lernhilfen
Umschlagfoto: ullstein-bilderdienst, Berlin
Satz: DOPPELPUNKT, Stuttgart
Druck: Beltz Bad Langensalza GmbH
Printed in Germany
ISBN 978-3-12-923074-9

Inhalt

Der inhaltliche Aufbau des Dramas 5

Erster Aufzug 5
Zweiter Aufzug 13
Dritter Aufzug 22
Vierter Aufzug 29
Fünfter Aufzug 37

Figurenkonstellation 46

Der Adel 46
    Hettore Gonzaga, Prinz von Guastalla 46
    Graf Appiani 53
    Gräfin Orsina 56
    Marchese Marinelli 61

Das Bürgertum 65
    Die Familie Galotti 66
    Odoardo Galotti 67
    Claudia Galotti 76
    Emilia Galotti 79

Thematische Aspekte 90

Historische Bezugspunkte 90
Das Bild des Adels 92
Die Funktion der Räume 93
Bild, Abbild und dargestellte Wirklichkeit – Das Porträt Emilias ... 96

Die Sprache 100

Die historische Vorlage des Dramas 104

„Emilia Galotti" als bürgerliches Trauerspiel 107

Lessings Überlegungen zum Trauerspiel 109

„Emilia Galotti" auf der Bühne 113

Literaturhinweise. 118

Prüfungsaufgaben und Lösungen 120
I   II,4 Textanalyse mit weiterführendem Schreibauftrag 120
II II,10 Textanalyse 123
III III,5 Textanalyse mit weiterführendem Schreibauftrag 126
IV V,3 und 4 Gestaltende Interpretation. 129
V   Darstellung und Bedeutung der bürgerlichen Familie:
    Erörterung. 132
VI V,5 Textanalyse 135
VII I,6 Textanalyse mit weiterführendem Schreibauftrag 138
VIII Frauenbilder im 18. und 19. Jahrhundert: Erörterung 141

Stichwortverzeichnis 144

Der inhaltliche Aufbau des Dramas

Erster Aufzug

- Der erste Aufzug (= Akt) spielt im Kabinett des Prinzen von Guastalla, Hettore Gonzaga.
- I,1: Beim Überfliegen seiner Korrespondenz fällt dem Prinzen der Vorname einer Antragstellerin ins Auge. Weil ihr Vorname Emilia ihn an Emilia Galotti erinnert, die er vor kurzem getroffen und in die er sich verliebt hat, gesteht er der Antragstellerin ihre hohe Forderung zu.
- I,2: Der Maler Conti tritt auf und will dem Prinzen das bestellte Porträt der Gräfin Orsina, der ehemaligen Geliebten, zeigen.
- I,3: Während der Maler das Bild holt, überdenkt der Prinz seine Gefühle gegenüber der Gräfin Orsina.
- I,4: Verblüfft muss der Maler erkennen, als er Orsinas Porträt zeigt, dass die Liebe des Prinzen erloschen ist. In dem Bild erkennt dieser nur noch die negativen Züge der Gräfin. Dagegen ist der Prinz bezaubert von dem Porträt Emilias, das der Maler zusätzlich mitgebracht hat, ohne zu ahnen, dass der Prinz Emilia kennt. Ohne den Preis auszuhandeln, kauft der Prinz das Bild.
- I,5: Wieder allein betrachtet der Prinz voller Leidenschaft das Porträt Emilias.
- I,6: Sein intriganter Kammerherr Marchese Marinelli versucht, die Gräfin Orsina in ein positives Licht zu rücken. Als er jedoch merkt, dass Orsina nicht mehr die Favoritin des Prinzen ist, leitet er über zu dem Stadtgespräch: der bevorstehenden Hochzeit Emilia Galottis mit dem Grafen Appiani, von der der Prinz allerdings noch nichts weiß. In seiner Verzweiflung über diese Neuigkeit gibt der Prinz Marinelli freie Hand, um die Hochzeit „abzuwenden". Marinelli weist den Prinzen an, die Stadt zu verlassen.
- I,7: Trotz der Anweisung Marinellis beschließt der Prinz, Emilia noch einmal in der Messe zu treffen, um mit ihr zu sprechen.
- I,8: Zuvor will er noch „recht gern" ein Todesurteil unterschreiben, das der Rat Rota ihm vorlegen will. Bestürzt über diese Gefühllosigkeit gibt Rota vor, das Schriftstück vergessen zu haben.

ERSTER AUFZUG

I,1

Der Prinz

Hettore Gonzaga, der Prinz von Guastalla, betreibt seine Regierungsgeschäfte ohne große Begeisterung und überfliegt eher missmutig einige Briefe, die sich auf seinem Arbeitstisch angesammelt haben. Während er noch seine Regierungspflichten beklagt, jene „traurigen Geschäfte", um die man ihn gar noch beneide, stutzt er, als er eine Bittschrift aufschlägt, die mit dem Namen „Emilia" unterschrieben ist. Sofort stellt er jedoch fest, dass es sich um „eine Emilia Bruneschi – nicht Galotti" handelt; dennoch gewährt er der unbekannten Antragstellerin ihre hohe Forderung, denn „sie heißt Emilia".

Die „traurigen" Regierungsgeschäfte

Der verwirrende Name „Emilia"

Der Name hat den Prinzen aus seiner „Ruhe" gebracht, er läutet nach seinem Diener, damit er Marinelli, seinen Kammerherrn, als Begleitung für eine Ausfahrt an diesem schönen Morgen herbeirufe. Während der Prinz auf Marinelli wartet, überreicht der Diener ihm einen Brief der Gräfin Orsina und verlässt ihn.

Orsina – die ehemalige Geliebte

Im Selbstgespräch des Prinzen wird deutlich, dass er die Gräfin Orsina zwar einst „zu lieben geglaubt", vielleicht auch „wirklich geliebt" hat, dass seine Liebe aber der Vergangenheit angehört. Der aufmerksame Zuschauer ahnt, dass an die Stelle der Gräfin eine Bürgerliche, nämlich jene Emilia Galotti, getreten ist.

Als dem Prinzen der Maler Conti gemeldet wird, hofft er, durch den Künstler auf „andere Gedanken" zu kommen.

I,2

Das Porträt der Gräfin Orsina

Es stellt sich indessen heraus, dass der Maler ein Bild, das der Prinz in Auftrag gegeben hat – ein Porträt der Gräfin Orsina –, zeigen möchte. Enttäuscht beanstandet der Prinz, dass dieser Auftrag „ein wenig von lange her" sei und er sich kaum noch daran erinnern könne, dennoch lässt er das Bild von Conti herbeiholen.

I,3

Die innere Unruhe des Prinzen

In Contis Abwesenheit überdenkt der Prinz die Bedeutung des Bildes für seine Beziehung zur Gräfin: zwar sei dieses Bild „sie nicht ... selber", aber möglicherweise könne er in dem Bild das wiederfinden, „was ... [er] in der Person nicht mehr erblicke". Er muss sich aber eingestehen, dass er dieses alte Bild „gar nicht wiederfinden" will. Im gleichen Augenblick jedoch behauptet er, „zufrieden" zu sein, wenn Orsinas Bild das Bild der neuen Geliebten verdrängen könnte, denn bei Orsina sei er „immer so leicht, so fröhlich, so ausgelassen" gewesen, nun aber sei er von allem „das Gegenteil". Der Monolog bricht mit der Behauptung ab, dass er sich – trotz der gefühlsmäßigen Unsicherheit – im gegenwärtigen Zustand „besser" fühle.

I,4

Der Maler Conti kehrt mit zwei Gemälden zurück und zeigt zunächst das Porträt der Gräfin Orsina. Der Prinz lobt „nach einer kurzen Betrachtung" Contis Kunstfertigkeit, kritisiert indessen die Idealisierung der Gräfin und unterstellt ihm, „ganz unendlich geschmeichelt" zu haben. Conti verteidigt diese Idealisierung, indem er darauf hinweist, dass die Malerei zu zeigen habe, „wie sich die plastische Natur ... das Bild dachte", d. h. ohne Berücksichtigung der Wirkung der Zeit.

Die Kritik des Prinzen am Gemälde der Gräfin Orsina

Der Prinz verstärkt seine Kritik an Conti und wirft ihm vor, die wirklichen Charaktereigenschaften der Gräfin verfälscht zu haben, indem er „Stolz ... in Würde, Hohn in Lächeln, Ansatz zu trübsinniger Schwärmerei in sanfte Schwermut verwandelt" habe. Die Kritik des Prinzen überrascht den Maler, der die Idealisierung damit verteidigt, dass er „mit Augen der Liebe" gemalt habe und davon ausgegangen sei, dass das fertige Bild auch mit den Augen der Liebe beurteilt werde. Conti gesteht damit indirekt, dass er tatsächlich sein Werk nicht unabhängig von den Interessen des Auftraggebers gemalt hat.

Die „Augen der Liebe"

Da es dem Künstler nicht möglich sei, dem Idealbild sowohl des Herzens als auch des Verstandes zu entsprechen, möchte der Prinz das zweite weibliche Porträt „lieber gar nicht sehen". Als er dann jedoch das Porträt von Emilia Galotti erblickt, ist er im Innersten getroffen; er vermag nicht zu unterscheiden, ob er das Werk Contis oder das „Werk ... [seiner] Phantasie" wahrnimmt. Damit bestätigt der Prinz die Subjektivität und Emotionalität seiner Kunstbetrachtung: Die abgebildete Emilia

Emilias Porträt

ERSTER AUFZUG

wird mit dem Gefühl der unmittelbaren Liebe wahrgenommen, die Gräfin aus der Distanz der beendeten Beziehung.

Der Prinz hat Emilias Bekanntschaft bei einer Abendgesellschaft einige Wochen zuvor gemacht, wo er ihr zusammen mit ihrer Mutter begegnet ist. Später hat er sie nur noch mehrfach in der Kirche gesehen. Auch Emilias Vater kennt der Prinz, er beschreibt ihn als „stolz und rau, sonst bieder und gut", weiß allerdings, dass er ihn nicht zu seinen Freunden zählen kann.

Contis Ansicht vom Zusammenhang zwischen Malerei und Wirklichkeit

Während der Prinz über die spiegelbildliche Ähnlichkeit des Porträts begeistert ist, schränkt der Maler Conti ein, dass die Malerei eben nicht ein Spiegel sei, sondern durch den Darstellungsprozess Verluste hinnehmen müsse. Einerseits beklagt er, dass er „nicht unmittelbar mit den Augen malen" könne, dass vielmehr „auf dem langen Wege, aus dem Auge durch den Arm in den Pinsel" viel verloren gehe, auf der anderen Seite aber erkennt er in der geistigen Abstraktion das Besondere der Malerei:

Malerei als geistige Abstraktion

Die Bilder, die er vor seinem inneren Auge sieht, empfindet er als schöner, wahrer, künstlerischer. Das Wissen darum, „was hier verloren gegangen, und wie es verloren gegangen, und warum es verloren gehen müssen", erfüllt ihn als Künstler mit Stolz, auch wenn er weiß, dass seine Hände nicht immer in der Lage sind, den künstlerischen Gedanken und Vorstellungen Ausdruck zu verleihen.

Die kunsttheoretischen Überlegungen Contis hat der Prinz völlig überhört, er hat sich von dem Bild gefangen nehmen lassen und stellt eine Frage, die sich gar nicht auf das Bild bezieht, sondern auf Emilias wirkliches Aussehen: „rechnen Sie doch wirklich Emilia Galotti mit zu den vorzüglichsten Schönheiten unserer Stadt?"

Ein wenig hilflos und unsicher sucht er bei dem Maler Bestätigung, weil er den eigenen Augen misstraut, während der Maler „doch nur allein ... von der Schönheit zu urteilen" wisse. Conti weist diesen Anspruch zurück und entgegnet: „ins Kloster mit dem, der es von uns lernen will, was schön ist", gerät dann allerdings ins Schwärmen, als er Emilias Äußeres schildert: „Dieser Kopf, dieses Antlitz, diese Stirn, ... dieser Wuchs, dieser ganze Bau, sind, von der Zeit an, mein einziges Studium der weiblichen Schönheit."

Emilias Schönheit

Als der Maler unvermittelt mitteilt, dass das Originalporträt Emilias der ‚abwesende' Vater erhalten habe, befürchtet der Prinz, dass auch die Kopie schon vergeben sei; umso erleichterter ist er, als der Maler ihm das Bild anbietet. Während er das Porträt seiner früheren Geliebten mit einem prunkvollen, reich verzierten Rahmen versehen lassen will, es für seine Galerie vorsieht und damit auch nach außen zeigt, dass diese Liebesbeziehung der Vergangenheit angehört, will er Emilias Bildnis „gern bei der Hand" behalten, es soll erst gar nicht aufgehängt werden. Um sein wirkliches Motiv zum Ankauf zu verschleiern, gibt sich der Prinz gegenüber dem Maler als großzügiger Kunstmäzen, dem es ein zentrales Anliegen ist, dass in seinem „Gebiete ... die Kunst nicht nach Brot gehen" solle, und er stellt dem Maler frei, für die beiden Porträts bei seinem Schatzmeister so viel zu verlangen, wie er wolle. Der Maler durchschaut den eigentlichen Grund für diese Großzügigkeit und unterstellt, dass der Prinz „noch etwas anderes belohnen ... [wolle] als die Kunst".

Der Prinz als Förderer der Kunst

I,5

Nachdem Conti gegangen ist, wendet der Prinz sich wieder dem Bild zu und äußert seine Begeisterung darüber, das Porträt zu besitzen, und gesteht sich ein, dass dieses Bild „für jeden Preis noch zu wohlfeil" sei! Zugleich wird aber der Wunsch erkennbar, auch die Abgebildete, das „Meisterstück der Natur", in seinen Besitz zu bringen. Bild und Abgebildete verschwimmen vor seinen Augen, und er erinnert sich an ihren Mund, „wenn er sich zum Reden öffnet! wenn er lächelt!" In diese vertraute Zwiesprache mit dem Bild bricht der Kammerherr Marinelli ein, und der Prinz bedauert, dass er ihn hat rufen lassen, denn sein Erscheinen zerstört die Stimmung und die Vertrautheit mit dem Bildnis.

I,6

Wie hellsichtig diese Einschätzung des Prinzen ist, belegen die Neuigkeiten aus der Stadt, die Marinelli vorträgt. Zunächst informiert er den Prinzen darüber, dass die Gräfin Orsina in die Stadt gekommen sei. Der Prinz

ERSTER AUFZUG

Die bevorstehende Hochzeit des Prinzen

zeigt, indem er auf Orsinas Brief weist, dass dies keine Neuigkeit sei, zugleich erklärt er, dass die bevorstehende Hochzeit mit der Prinzessin von Massa es notwendig erscheinen lasse, Angelegenheiten dieser Art „fürs erste" zu beenden. Als Vertrauter der Gräfin Orsina unterrichtet Marinelli nun den Prinzen darüber, dass die Gräfin die bevorstehende Heirat des Prinzen mit der Prinzessin von Massa als politische Heirat akzeptiere und „neben so einer Gemahlin ... [als] Geliebte noch immer ihren Platz" sehe. Zugleich jedoch trägt er Orsinas Befürchtung vor, dass nicht die Heirat, sondern eine neue Geliebte ihr den Platz an der Seite des Prinzen streitig machen könnte.

Orsinas Einstellung zu der Heirat

Marinelli, der schon zuvor bekannt hatte, „leider" der Vertraute Orsinas zu sein, versucht nun zu erläutern, dass er aus „Mitleid" und Rührung (vgl. S. 110 f.) Orsinas Position vertrete, denn er fürchte, dass „ihr gefoltertes Herz" und die Bücher, zu denen sie „Zuflucht" genommen habe, „ihr den Rest geben" werden. Ungerührt antwortet der Prinz, „wenn ... [die Gräfin Orsina] aus Liebe närrisch wird, so wäre sie es, früher oder später, auch ohne Liebe geworden".

Marinelli leitet nun zu der Neuigkeit über, die den Prinzen völlig aus der Fassung bringen wird: zur Hochzeit Emilia Galottis mit dem Grafen Appiani.

Die Heirat des Grafen Appiani mit einem Mädchen „ohne Rang"

Auf die Frage des Prinzen, mit der er von dem vorherigen heiklen Thema ablenken will, ob „denn gar nichts ... in der Stadt" vorgehe, antwortet Marinelli zunächst, dass die „Verbindung des Grafen Appiani ... vollzogen wird" und fügt gehässig hinzu, dies sei „nicht viel mehr als gar nichts". Hämisch fährt er fort, dass der Graf auf „ein Mädchen ohne Vermögen und ohne Rang", mit einem hübschen Gesicht, vor allem aber mit „vielem Prunke von Tugend und Gefühl und Witz" ‚hereingefallen' sei, denn die Liebe spiele den „Empfindsamen ... immer die schlimmsten Streiche". Der Prinz erkennt in Marinellis gehässigen Bemerkungen dessen Abneigung gegenüber Appiani und hebt lobend hervor, dass der Graf Appiani „ein sehr würdiger junger Mann, ein schöner Mann, ein reicher Mann, ein Mann voller Ehre" sei und dass er aufgrund dessen, dass „Unschuld und Schönheit" ausschlaggebend für seine Wahl gewesen seien, eher „zu beneiden als zu belachen" sei. Der Prinz über-

ERSTER AUFZUG

legt sogar, wie er den Grafen an den Hof ziehen könne. Marinelli – mit den Gerüchten der Stadt vertraut – weist darauf hin, dass Appiani gar nicht plane, „bei Hofe sein Glück zu machen", denn durch seine unstandesgemäße Heirat sei ihm in Zukunft der „Zirkel der ersten Häuser ... verschlossen", daher gedenke Graf Appiani auf seinen Besitztümern in den italienischen Westalpen, im Piemont, „Gemsen zu jagen ... und Murmeltiere abzurichten".

Die Folgen der unstandesgemäßen Hochzeit

Voller Verständnis für Appiani spricht sich der Prinz gegen diese „ersten Häuser" aus, in denen das „Zeremoniell, der Zwang, die Langeweile und nicht selten die Dürftigkeit" herrschten.

Dieser abschätzigen Bewertung der vornehmsten Familien folgt der vernichtende Satz von Marinelli, dass Appiani für „eine gewisse Emilia Galotti" dieses Opfer der gesellschaftlichen Ächtung bringe.

Niedergeschmettert versucht der Prinz zunächst zu klären, ob nicht eine Verwechslung vorliege, um dann Marinelli zu eröffnen, dass er Emilia liebe, sie anbete. Er wirft Marinelli vor, ihn hintergangen zu haben, indem er ihn nicht rechtzeitig auf „die Gefahr ..., die ... [seiner] Liebe drohte", hingewiesen habe. Marinelli schwört, von dieser Liebe nichts gewusst zu haben, und beklagt seinerseits, dass der Grund, warum „Fürsten ... keinen Freund" haben, ja gar keinen haben könnten, darin zu suchen sei, dass Fürsten kein Vertrauen in ihre Berater setzten: „Heute beehren sie uns mit ihrem Vertrauen, teilen uns ihre geheimsten Wünsche mit, schließen uns ihre ganze Seele auf: und morgen sind wir ihnen wieder so fremd, als hätten sie nie ein Wort mit uns gewechselt." Wie zutreffend diese Anklage ist, wird der Schluss des Dramas beweisen.

Der Prinz erkennt die Bedrohung seiner Liebe

Marinellis Klage über das mangelnde Vertrauen des Prinzen

Verzweifelt fleht der Prinz Marinelli an, ihn zu „retten"; sarkastisch erklärt Marinelli, dass er das, was er versäumt habe, der bürgerlichen Emilia Galotti zu gestehen, nun eben der Gräfin Appiani bekennen müsse, und voller Hohn rät er dem Prinzen, Emilia aus der zweiten Hand zu kaufen, zumal „solche Waren nicht selten aus der zweiten um so viel wohlfeiler" seien. Dann jedoch lässt er sich auf eine ernsthafte Planung ein, mit der er verhindern will, dass sich „der Graf ... aus dem Lande" entferne. Marinelli erbittet sich vom Prinzen völlig freie Hand und Genehmigung für alles, was er tue, gleichzei-

Freie Hand für Marinelli

ERSTER AUFZUG

Marinellis Plan

tig fordert er den Prinzen auf, sich unverzüglich zu seinem Lustschloss nach Dosalo zu begeben. Es wird erkennbar, dass Marinelli plant, den Grafen Appiani als Gesandten wegen der bevorstehenden Hochzeit des Prinzen nach Massa zu schicken.

I,7

Der Plan des Prinzen

Wieder allein gelassen, wendet sich der Prinz von Emilias Porträt ab, denn er will sich „den Pfeil [nicht] noch tiefer in die Wunde drücken". Rückblickend macht er sich Vorwürfe, nicht gehandelt, sondern untätig „geschmachtet, geseufzet" zu haben. Unsicherheit überkommt ihn außerdem, ob Marinelli noch etwas ausrichten könne, und aus dieser Furcht heraus fasst er den Entschluss, sich nicht allein auf Marinelli zu verlassen, sondern Emilia, die jeden Morgen zur gleichen Zeit die Messe bei den Dominikanern hört, dort zu treffen und zu versuchen, mit ihr ins Gespräch zu kommen.

Er ruft den Kammerdiener zu sich, damit dieser die Kutsche vorfahren lässt, dabei stellt sich heraus, dass einer der Räte des Prinzen, Camillo Rota, schon darauf wartet, vorgelassen zu werden.

Zwar gestattet der Prinz, dass Rota eingelassen wird, doch gleichzeitig möchte er nicht aufgehalten werden.

I,8

Das Todesurteil

Gedankenlos und fahrig übergibt der Prinz seinem Berater Rota einige Schriften. Dabei befindet sich auch jene Bittschrift der Emilia Bruneschi, die der Prinz im 1. Auftritt positiv beschieden hat. Die innere Unruhe verspürt der Zuschauer, als der Prinz ungewollt den Namen Galotti anstelle von Bruneschi aussprechen will. Vollends offensichtlich wird der Konflikt zwischen der Erfüllung der Regierungsaufgaben und der emotionalen, irrationalen Stimmung, als der Rat Rota dem Prinzen ein Todesurteil vorlegen will. Entsetzt muss Rota zur Kenntnis nehmen, dass der Prinz dieses Urteil ohne Überlegung „recht gern" unterschreiben will. Geistesgegenwärtig erkennt Rota, dass der Prinz offenbar nicht vernunftgemäß handelt, und gibt vor, das Todesurteil „doch wohl nicht mitgenommen" zu haben. Verstört wiederholt

Rota, nachdem der Prinz eilig abgegangen ist, mehrfach die Zustimmung zum Todesurteil: „recht gern". Der schöngeistige, kunstbeflissene Herrscher hat die Maske fallen lassen, das Gesicht des rücksichtslosen, egoistischen Tyrannen ist sichtbar geworden.

Zweiter Aufzug

- Der zweite Aufzug spielt im Stadthaus der Galottis und zeigt den bürgerlichen Gegenpol zur adligen Gesellschaft.
- II,1: Claudia Galotti erfährt, dass ihr Mann überraschend eingetroffen ist.
- II,2: Odoardo will sicher gehen, dass bei den Hochzeitsvorbereitungen nichts vergessen wird. Sein Argwohn wird geweckt, als er erfährt, dass Emilia ohne Begleitung in die Kirche gegangen ist.
- II,3: Angelo, ein vogelfreier Mörder, sucht seinen ehemaligen Komplizen Pirro im Haus der Galottis auf. Angeblich will er diesem seinen Anteil aus einem gemeinsamen Raub übergeben, tatsächlich aber kundschaftet er die Einzelheiten der Kutschfahrt des Brautpaares aus.
- II,4: Odoardos Unruhe nimmt zu, weil Emilia noch nicht zurückgekehrt ist. Sein Misstrauen gegenüber der Stadt und ihren Gefahren steht im Gegensatz zu Claudias positiver Einschätzung. Um ihrem Mann die Vorzüge der Stadt zu verdeutlichen, erwähnt sie stolz, dass der Prinz mit Emilia gesprochen und ihr Komplimente gemacht habe. Odoardo ist fassungslos und wirft seiner Frau Ahnungslosigkeit im Hinblick auf die Verkommenheit des Adels vor. Voller Zorn entfernt er sich rasch.
- II,5: Claudia zeigt im Monolog ihr Unverständnis über Odoardos Misstrauen.
- II,6: Atemlos und zitternd stürzt Emilia in das Zimmer und sucht Schutz bei ihrer Mutter. Verstört erzählt sie von der Begegnung mit dem Prinzen in der Kirche. Mit Liebesschwüren habe er sich ihr genähert und sie beim Verlassen der Kirche festgehalten. Nur durch Flucht habe sie sich ihm entziehen können. Die Mutter versucht sie zu beschwichtigen und rät Emilia, weder dem Vater noch dem zukünftigen Ehemann von dieser Begegnung zu erzählen.
- II,7: Nachdenklich betritt Appiani, Emilias Verlobter, das Zimmer und berichtet von seinem Besuch bei Odoardo, dessen Ernst und Tugend ihn tief beeindruckt haben und dessen Schwiegersohn zu werden ihn mit Stolz erfüllt.

ZWEITER AUFZUG

> **Zweiter Aufzug**
>
> Um ihren zukünftigen Mann aufzuheitern, lenkt Emilia das Gespräch auf ihr Hochzeitskleid und den Schmuck, den sie tragen wird.
> → II,8: Nachdem Emilia sich entfernt hat, spricht Claudia Appiani auf seine bedrückte Stimmung an. Dieser gesteht, dass ihn düstere Gedanken plagen, vor allem aber ärgert ihn, dass er seinen Freunden zugesagt hat, seine Hochzeit dem Prinzen mitzuteilen.
> → II,9 und 10: Marinellis Hinzukommen unterbricht das Gespräch. Nachdem Claudia den Raum verlassen hat, überbringt Marinelli Appiani den fingierten Auftrag, sofort als Bevollmächtigter des Prinzen nach Massa zu reisen. Appiani weist diesen Auftrag energisch zurück, da er in wenigen Stunden heiraten werde. In dem folgenden Streitgespräch bezeichnet Appiani den Kammerherrn als „Affen". Wutentbrannt droht Marinelli beim Verlassen des Hauses mit einem Duell.
> → II,11: Claudia, die besorgt zurückkommt, erfährt nur, dass Marinelli Appiani den Gang zum Prinzen erspart habe.

II,1

Während der erste Aufzug (Akt) den Zuschauer in das Kabinett des Prinzen geführt hat, spielt der zweite Aufzug im Stadthaus der Galottis. Allerdings erfährt der Zuschauer schon bald, dass Emilias Vater nur sehr widerwillig zugestanden hat, dass Emilia und ihre Mutter in diesem Stadthaus wohnen. Viel lieber hätte er es gesehen, wenn die beiden Frauen sich auf dem Landgut der Galottis, Sabionetta, aufgehalten hätten.

Odoardos überraschende Ankunft

Claudia, Emilias Mutter, erfährt von dem Diener Pirro, dass ihr Mann, Odoardo, überraschend gekommen ist.

II,2

Odoardo hat sich kurz entschlossen auf den Weg in die von ihm ungeliebte Stadt gemacht, weil ihn zum einen „das Glück des heutigen Tages … so früh" geweckt habe, zum anderen aber auch die Sorge überkommen habe, die Frauen könnten bei der Hochzeitsvorbereitung etwas vergessen haben. Doch Odoardo hat nicht vor, lange zu verweilen, er will „sogleich wieder zurück[kehren]". Wie wenig er offensichtlich die Gewohnheiten seiner

Odoardos Sorge

Tochter kennt (der Prinz ist hierüber wesentlich besser informiert), zeigt sich, als er die Vermutung ausspricht, die abwesende Emilia sei „unstreitig beschäftigt mit dem Putze". Claudia berichtigt ihn, indem sie mitteilt, dass Emilia zur Messe geeilt sei, weil sie gerade an diesem Tage ihrer Hochzeit „mehr als jeden andern Tag, Gnade von oben zu erflehen" habe. Argwöhnisch kritisiert Odoardo, dass Emilia ganz allein in die Kirche gegangen sei. Auf die Entgegnung Claudias, dass es sich ja nur um wenige Schritte handle, erwidert Odoardo – erfüllt vom Misstrauen gegenüber der Stadt –, ein Schritt sei „genug zu einem Fehltritt!" Schließlich lässt er sich jedoch überreden, kurze Zeit auszuruhen und eine Erfrischung einzunehmen.

Odoardos Argwohn

Trotz seines tiefen Misstrauens ahnt Odoardo nicht, dass nicht der Weg zur Kirche die Gefahr in sich birgt, sondern in der Kirche selbst die Gefahr droht. Hier, wie auch in anderen Szenen, wird deutlich, dass Odoardos Argwohn zu abstrakt ist, um die konkrete Gefahr zu erfassen.

II,3

Auch in der 3. Szene zeigt sich, dass Odoardos Vorbehalt gegenüber dem Stadtleben prinzipiell berechtigt ist, dass er aber die unmittelbare Gefährdung nicht erkennt. Galottis Diener Pirro wird von seinem früheren Komplizen, Angelo, aufgesucht, auf dessen Kopf eine Belohnung ausgesetzt ist und der seit seiner „letzten Mordtat" ‚vogelfrei' ist, d. h. ungestraft von jedem getötet werden kann. Angelo gibt vor, gekommen zu sein, um Pirro seinen Anteil an der Beute zu übergeben, die aus einem Raubüberfall auf Pirros früheren Herrn stammt, den Pirro in die Falle geführt hat und der bei diesem Überfall offensichtlich getötet wurde.

Angelo, der vogelfreie Mörder, und Pirro, Galottis Diener

Zunächst will Pirro seinen Anteil zurückweisen, und er bittet Angelo, ihn in Ruhe zu lassen. Schließlich nimmt er die Beute doch an sich, nicht zuletzt weil es sich um eine nicht unbeträchtliche Summe von 100 Goldmünzen handelt.

Scheinbar schon im Gehen begriffen, kehrt Angelo noch einmal um, um sich über Einzelheiten, die die Fahrt des Brautpaares nach Sabionetta betreffen, zu informieren:

Angelo erkundet die Fahrt des Brautpaares

ZWEITER AUFZUG

Emilia, ihre Mutter und der Graf Appiani werden gegen Mittag, begleitet von zwei Dienern und Pirro als „Vorreiter", nach Sabionetta fahren. Da Appianis Kutsche benutzt wird, werden „noch ein Vorreiter, außer einem handfesten Kutscher" die Fahrt begleiten. Pirro ahnt, dass neuerlich ein Überfall geplant wird, und wendet ein, dass „das bisschen Schmuck, das die Braut etwa haben dürfte", einen Überfall nicht lukrativ erscheinen lasse; doch Angelo deutet an, dass die Zielrichtung völlig anders aussieht und dass sich wegen der „Braut selbst" ein Überfall durchaus lohne.

Der geplante Überfall

Ohne dass es von der Familie Galotti wahrgenommen wird, ist die Gefahr, einer Intrige des Hofes zum Opfer zu fallen, in das bürgerliche Leben eingebrochen. Odoardos vager Argwohn hat eine fest umrissene Gestalt angenommen, doch Odoardo ist zu weit entfernt vom höfischen Leben, um diese Gefahr zu spüren.

II,4

Odoardo bemerkt missbilligend, dass Emilia „zu lang aus[bleibt]", und er will nicht länger auf sie warten, zumal er noch dem Grafen Appiani einen kurzen Besuch abstatten will. Begeistert äußert er sich über seinen zukünftigen Schwiegersohn, „alles entzückt … [ihn] an ihm", besonders aber Appianis Entschluss, der Stadt den Rücken zu kehren und sich in die ‚väterlichen Täler' zurückzuziehen. Emilias Mutter hingegen beklagt dieses Vorhaben und glaubt, Emilia, „diese einzige geliebte Tochter", dadurch zu verlieren. Voller Empörung weist Odoardo Claudias Vorwurf zurück, schließlich finde sich Emilia bald „in den Armen der Liebe" wieder. Außerdem rät Odoardo seiner Frau, sie möge ihr eigennütziges Vergnügen nicht mit Emilias Glück vermischen, wenn sie nicht seinen „alten Argwohn erneuern" wolle, dass es ihr eher auf die Zerstreuung und die Unterhaltung, die sich in der Stadt ergäben, angekommen sei als auf „Emilias anständige Erziehung". Geschickt vermag Claudia Odoardos Aussage zu widerlegen, indem sie darauf hinweist, dass erst die Nähe zum Hof es möglich gemacht habe, dass Emilia und der Graf Appiani zusammengekommen seien. Odoardos Skepsis ist damit jedoch keineswegs entkräftet, denn ein glücklicher Ausgang beweise noch

Odoardos Begeisterung über seinen Schwiegersohn

Odoardos Abneigung gegenüber der Stadt …

nicht, dass Claudia Recht gehabt habe, man habe eben Glück gehabt. Voller Verständnis für Appiani zeigt er Claudia die Widerwärtigkeiten höfischer Karriere auf: „sich bücken, schmeicheln und kriechen, und die Marinellis auszustechen suchen", um „ein Glück zu machen, dessen er nicht bedarf", und schließlich „einer Ehre gewürdiget zu werden, die für ihn keine wäre". Abschließend klärt Odoardo seine Frau darüber auf, dass der Graf Appiani es wegen seiner Heirat mit der bürgerlichen Emilia „vollends" mit dem Prinzen verdorben habe, dass weiterhin der Prinz auch ihn, Odoardo, hasse.

… und gegenüber dem Hof

Um Odoardos Beurteilung zu widerlegen, der Prinz hasse ihn und sei nicht gut auf Emilia zu sprechen, berichtet Claudia voller Stolz von einer Begegnung des Prinzen mit Emilia bei einer Abendgesellschaft im Hause des Kanzlers Grimaldi. Dabei habe sich der Prinz „so gnädig" und „so lange" mit Emilia unterhalten, er sei „bezaubert" „von ihrer Munterkeit und ihrem Witze" gewesen und habe „von ihrer Schönheit mit so vielen Lobeserhebungen gesprochen". Fassungslos wiederholt Odoardo Claudias Worte, um ihr schließlich vorwurfsvoll Dummheit und Eitelkeit vorzuhalten. Der Prinz ist in seinen Augen „ein Wollüstling, der bewundert, begehrt", und Emilia „wäre der Ort, wo … [Odoardo] am tödlichsten zu verwunden" sei. Um aber Claudia nicht noch „etwas Unangenehmes" zu sagen, verabschiedet sich Odoardo rasch. Odoardos Eile und Ruhelosigkeit, die nicht zuletzt aus seiner Abneigung gegenüber dem Hof und der Stadt resultieren, veranlasst ihn gerade in diesem Augenblick, in dem die abstrakte Gefahr Gestalt angenommen hat, die beiden Frauen zu verlassen. Wäre er bei Emilias Rückkehr wenige Augenblicke später noch anwesend gewesen, hätte die Handlung einen völlig anderen Verlauf genommen.

Claudias Bericht vom Treffen zwischen Emilia und dem Prinzen

II,5

Nach Odoardos Abgang überdenkt Claudia die pessimistische Haltung ihres Mannes, „alles scheint … [ihm] verdächtig, alles strafbar"; zugleich aber erkennt sie auch Odoardos Ichbezogenheit, aus der heraus er die Welt betrachtet: Der Prinz ist sein Feind, folglich wirft er sein Auge auf Emilia „einzig, um ihn zu beschimpfen".

Claudias Kritik an Odoardos Haltung

II,6

Emilias panikartiger Auftritt

In diesem Augenblick stürzt Emilia „in einer ängstlichen Verwirrung herein". In panischer Furcht, verfolgt zu werden, bringt sie anfangs nur unvollständige Sätze heraus. Erst nach und nach stellt sich heraus, was Emilia so kopflos gemacht hat: Während sie in der Kirche – weiter als sonst vom Altar entfernt – kniete, flüsterte ein Unbekannter ihr Liebesschwüre in das Ohr, beklagte, dass Emilias Hochzeit „sein Unglück auf immer entscheide" und „beschwor" sie – hier bricht Emilia ab und überlässt dem Zuschauer die Vervollständigung des Satzes. Emilias Hilflosigkeit in dieser Situation spiegelt sich in ihrem Verhalten wider, das sie der Mutter schildert: sie sei völlig unfähig gewesen zu reagieren und habe sich nicht umgewendet, sondern darum gebetet, „mit Taubheit" geschlagen zu sein.

Der Vorfall in der Kirche

Emilias Hilflosigkeit

Erst am Ende der Messe schaut sie sich zitternd nach dem um, „der sich den Frevel" erlaubt hat, und blickt in das Gesicht des Prinzen. Nicht einmal, wie die Mutter gehofft hatte, zu einem verachtungsvollen Blick ist sie in der Lage, sondern flieht, gefolgt vom Prinzen. Dieser ergreift in der Vorhalle der Kirche ihre Hand und spricht mit ihr. Ängstlich besorgt, nur keine Aufmerksamkeit zu erregen, lässt Emilia sich willenlos festhalten, hält „aus Scham" still und antwortet dem Prinzen sogar. Aber weder daran, was der Prinz gesagt hat, noch daran, was sie geantwortet hat, kann sie sich erinnern, auch nicht daran, wie sie auf die Straße gelangt ist. Auf ihrer Flucht nach Hause fühlt sie sich vom Prinzen bis in das Treppenhaus verfolgt.

Die Zudringlichkeit des Prinzen

Claudia ist heilfroh, dass Odoardo diesen Auftritt Emilias nicht mitbekommen hat, weil er in seinem ‚Zorn' möglicherweise Emilia als „den unschuldigen Gegenstand des Verbrechens mit dem Verbrecher verwechselt" hätte und zugleich Claudia die Schuld an dem Vorfall gegeben hätte, den sie „weder verhindern, noch [habe] vorhersehen" können.

Claudias Rat, den Vorfall zu verschweigen

Auch Emilias ehrlicher, fast kindlich vorgetragener Hinweis, ihr zukünftiger Ehemann, der Graf Appiani, müsse doch von diesem Vorfall in Kenntnis gesetzt werden, wird von Emilias Mutter Claudia sehr bestimmt zurückgewiesen: „Um alle Welt nicht! – Wozu? warum? Willst du für nichts, und wieder für nichts ihn unruhig machen?" Das „Gift" des Misstrauens könne bei Appiani verhängnisvoll nachwirken, gleichzeitig könne es dem Liebhaber, also dem Prinzen, „schmeicheln, einem so wichtigen Mitbewerber den Rang abzulaufen". Und wenn dieser den Ehemann ausgestochen habe, werde „aus dem Liebhaber oft ein ganz anderes Geschöpf". Zwar gibt Emilia zu bedenken, dass Appiani den Vorfall von anderer Seite erfahren und dann umso beunruhigter reagieren könne, folgt dann aber doch widerstandslos dem Rat der Mutter: „Ich habe keinen Willen gegen den Ihrigen". Erleichtert wundert sich Emilia nun, so ‚furchtsam' reagiert zu haben, und fragt die Mutter, ob sie sich nicht auch anders hätte benehmen können, ohne sich dabei etwas zu vergeben. Die Frage, die einerseits Emilias Unsicherheit belegt – offensichtlich hat die Nähe zum Hof sie nicht sicherer im Umgang mit Menschen gemacht –, andererseits aber auch die Abhängigkeit von ihrer Mutter belegt, macht deutlich, dass Emilia sich nachträglich darüber ärgert, nicht selbstbewusster aufgetreten und ängstlich einem Gespräch ausgewichen zu sein. Ihre Mutter bestärkt sie noch einmal darin, diesem Gespräch keine tiefere Bedeutung zuzumessen, denn „der Prinz ist galant. Du bist die unbedeutende Sprache der Galanterie zu wenig gewohnt ... Nichts klingt in dieser Sprache wie alles, und alles ist in ihr so viel als nichts." Beruhigt beschließt Emilia endgültig, dass Appiani „nun ... gewiss nichts davon erfahren" solle.

Emilias Unsicherheit

Die ungewohnte „Sprache der Galanterie"

II,7

Mit gesenktem Blick, nachdenklich und geistesabwesend betritt Appiani den Raum; erst als Emilia ihm fröhlich entgegenspringt, erblickt er sie und entschuldigt sich formelhaft und höfisch steif bei ihr: „Ich war mir Sie in dem Vorzimmer nicht vermutend." Ein wenig verunsichert fragt Emilia ihn, ob dieser besondere Tag „keiner freudigern Aufwallung wert" sei; auch die Antwort Appianis, das Übermaß an „Glückseligkeit" mache ihn wohl „so ernst ... so feierlich", klingt nicht recht überzeugend.

Schwärmerisch erinnert sich Appiani sodann an das Gespräch mit Emilias Vater, aus dessen Armen er sich so-

Appianis Auftritt

ZWEITER AUFZUG

Odoardo als Appianis Vorbild

eben gerissen habe: ihm als „Muster aller männlichen Tugend" nachzueifern, „immer gut, immer edel zu sein", gelte sein Entschluss. Und nur die „Erfüllung dieses Entschlusses" mache ihn überhaupt zu einem würdigen Schwiegersohn Odoardos und zum Ehemann Emilias. Diese Reihenfolge verrät die dominante Position Odoardos und die untergeordnete Emilias. Berechtigterweise wagt Emilia, Kritik an ihrem Vater zu äußern, der es nicht für nötig erachtet habe, auf sie zu warten. Appiani macht sich zum Sprachrohr Odoardos und trägt steif und floskelhaft als Entschuldigung vor, Emilia hätte ihren Vater womöglich in diesem Augenblick „zu sehr erschüttert, zu sehr sich seiner ganzen Seele bemächtiget".

Emilias Mutter drängt schließlich darauf, dass ihre Tochter das Hochzeitskleid anlegt. Appiani, der nicht einmal bemerkt hat, dass Emilia ihre Brautkleidung noch nicht trägt, schlägt vor, sie solle so zum Altar treten, wie sie gegenwärtig vor ihm stehe. Emilia beruhigt Appiani,

Emilias Brautkleid

dass sie sich nicht allzu prachtvoll kleiden werde, dass sie vor allem den Schmuck, den ihr Appiani geschenkt habe, nicht zu tragen gedenke, zumal sie dreimal geträumt habe, dass sich die Steine des Geschmeides in

Perlen bedeuten Tränen

Perlen verwandelt hätten, und „Perlen bedeuten Tränen". Schwermütig wiederholt Appiani diesen Satz. Emilia versucht erneut, Appiani von seinen düsteren Gedanken abzulenken, indem sie ihn fragt, ob er noch wisse, was sie getragen habe, als sie ihm „zuerst gefiel"; genau wie damals werde sie sich kleiden: „ein Kleid von der nämlichen Farbe, von dem nämlichen Schnitte; fliegend und frei", das Haar „in Locken, wie sie die Natur

Die Rose im Haar

schlug" mit einer Rose darin.

II,8

Als Emilia sich zum Umkleiden zurückgezogen hat, spricht ihre Mutter Appiani noch einmal auf seine Niedergeschlagenheit an. Sie befürchtet, dass Appiani den Entschluss, Emilia zu heiraten, bereuen möge. Appiani weist diese Deutung fast empört zurück, gesteht dann

Appianis düstere Gedanken

jedoch, dass ihn düstere Gedanken, die er gar nicht so klar fassen könne, plagten. Außerdem ärgere er sich über seine Freunde, die ihn dazu anhielten, den Prinzen über die bevorstehende Hochzeit zu informieren. Zwar geben sie Appiani Recht, dass hierzu keine offizielle Veranlassung bestehe, „aber die Achtung gegen … [den Prinzen] woll es nicht anders." Besonders ärgert es Appiani, dass er „schwach genug gewesen [sei], es … [seinen Freunden] zu versprechen." Als er Claudia mitteilt, dass er gerade auf dem Wege zum Prinzen sei, stutzt diese überrascht.

II,9 und 10

In diesem Moment wird Marinelli angekündigt, der sich nach dem Grafen Appiani erkundige. Bevor Appiani zum Nachdenken kommt, steht Marinelli schon vor ihm und kündigt „ein dringendes Geschäft" an. Als Marinelli beginnt, höfisch geschraubt sein Anliegen einzuleiten, unterbricht Appiani ihn kurz angebunden und fordert ihn auf, „ohne weitere Vorrede" zur Sache zu kommen. Marinelli eröffnet dem Grafen, dass der Prinz ihn als Bevollmächtigten ausgewählt habe, um mit dem Herzog von Massa über die bevorstehende Vermählung seiner Tochter mit dem Prinzen zu verhandeln. Appiani ist überrascht, da er „schon längst nicht mehr erwartet [hat], dass der Prinz … [ihn] zu brauchen geruhen werde", und nach einiger Überlegung nimmt er den Auftrag an. Als er dann jedoch erfährt, dass er umgehend nach Dosalo, zum Lustschloss des Prinzen, kommen müsse, lehnt er mit Hinweis auf die bevorstehende Hochzeit ab. Marinelli erklärt, dies sei doch kein hinreichender Grund, denn eine Hochzeit lasse sich verschieben. Da dieser Vorschlag zurückgewiesen wird, erinnert Marinelli den Grafen daran, dass „der Befehl des Herrn" höher einzuschätzen sei als die Hochzeit. Appiani gibt – nun schon recht erregt – zu verstehen, dass für ihn der Prinz kein Herr sei, „den man sich selber" wählen würde, dass er zudem freiwillig am Hofe des Prinzen und „der Vasall eines größeren Herrn" sei. Noch einmal lehnt er den Auftrag ab.
Scheinheilig erkundigt sich Marinelli, wen der Graf zu heiraten gedenke. Beim Namen Emilia Galotti deutet Marinelli an, dass in diesem Falle doch wohl keine Schwierigkeiten bestünden, die Hochzeit bis zur Rückkehr Appianis auszusetzen. Er spielt damit darauf an,

Marinellis Gespräch mit Appiani

Der Auftrag des Prinzen

Appianis Ablehnung

Marinellis zynischer Einwand	dass die Eltern doch wohl froh sein dürften, wenn ein Adliger ihre Tochter heirate, so dass sie aus diesem Grund alles nicht „so genau ... nehmen" würden. Ver-
Marinelli, der „Affe"	ächtlich bezeichnet der Graf Marinelli als „ganzen Af- fen"; wutentbrannt droht Marinelli, man werde sich noch sprechen. Als Appiani höhnisch wiederholt: „hä- misch ist der Affe; aber –", fordert Marinelli den Grafen
Duellforderung	zum Duell heraus, das er indessen mit Rücksicht auf die Hochzeit nicht sofort ausfechten wolle. Voller Hohn greift Appiani nach der Hand Marinellis und besteht auf einer sofortigen Ausführung. Marinelli reißt sich los und stößt im Abgehen nur noch hervor: „Nur Geduld, Graf, nur Geduld!"

II,11

Nach dieser Auseinandersetzung fühlt Appiani sich „an- ders und besser", er erklärt Emilias Mutter, dass Mari- nelli ihm „einen großen Dienst erwiesen" habe, indem er den Gang zum Prinzen überflüssig gemacht habe. Er ordnet an, dass man früher als geplant losfahre.

Dritter Aufzug

Dritter Aufzug	→ Der dritte Aufzug spielt wie die folgenden in einem Vorzimmer des Lustschlosses des Prinzen. → III,1: Marinelli berichtet dem Prinzen von dem vergeb- lichen Versuch, Appiani nach Massa zu senden. Als der Prinz Marinelli die Schuld an diesem Fehlschlag gibt, erläutert der Kammerherr seine eigentliche Intrige, den Überfall auf die Hochzeitskutsche und die vorgetäuschte Rettung Emilias in das Schloss. Während der Prinz versichert, Marinelli für unvorher- gesehene Zwischenfälle nicht verantwortlich zu machen, fallen vor dem Schloss Schüsse. → III,2: Nachdem der Prinz auf Rat Marinellis den Raum verlassen hat, betritt jener Angelo, der sich über die Route und Begleitung der Hochzeitskutsche in- formiert hatte, den Raum und bestätigt den Tod Appianis, von dem der Prinz allerdings noch nichts erfahren soll. → III,3: Vom Fenster aus beobachtet der Prinz, wie Marinellis Diener Emilia zum Lustschloss bringen.

> Von der Situation völlig überfordert und unfähig, Emilia entgegenzutreten, bittet der Prinz Marinelli, sie in Empfang zu nehmen.
>
> → III,4: Zusammen mit Battista, einem Diener Marinellis, betritt Emilia den Vorsaal. Als sie umkehren will, um ihre Mutter zu suchen, tritt Marinelli aus dem Hintergrund hervor und beruhigt die aufgewühlte Emilia. Er kündigt an, dass sich der Prinz persönlich um sie kümmern werde.
>
> → III,5: Als der Prinz ohne Emilias Mutter auftritt, verzweifelt Emilia und fällt vor dem Prinz auf die Knie. Schmeichelnd versucht der Prinz Emilias Misstrauen zu zerstreuen und sie in ein Nebengemach zu führen. Obwohl Emilia sich sträubt, zwingt der Prinz sie, ihm zu folgen.
>
> → III,6: Marinelli, der zurückgeblieben ist, erfährt von Battista, dass sich Emilias Mutter nähert. Marinelli sieht hierin kein Problem, da die Mutter stolz darauf sein werde, dass Emilia beim Prinzen weilt.
>
> → III,7: Schon beim Eintreten erkennt die Mutter Battista als einen der Entführer wieder.
>
> → III,8: Als Claudia auch noch Marinelli erblickt, erinnert sie sich an dessen Streit mit Appiani. Ihr Misstrauen wird zur Gewissheit, als sie erfährt, dass Emilia sich in den Gemächern des Prinzen befindet. Ihr wird klar, dass das Aufeinandertreffen des Prinzen mit ihrer Tochter am Morgen, mit dem Überfall und dem Tod Appianis zusammenhängt. In Marinelli sieht sie den feigen Mörder Appianis. Als sie die Stimme ihrer Tochter aus dem Nebenraum hört, stürmt sie in diesen Raum.

Dritter Aufzug

III,1

Während in den beiden vorangegangenen Aufzügen der Schauplatz wechselte, bleibt die Szene nun bis zum Schluss unverändert. Die Handlung spielt in einem Vorsaal des Lustschlosses (vgl. hierzu die Funktion der Räume S. 93 f.).

Das Lustschloss

Marinelli informiert den Prinzen von dem vergeblichen Versuch, den Grafen Appiani nach Massa zu schicken. Resigniert glaubt der Prinz, Emilia damit endgültig verloren zu haben, und gibt Marinelli die Schuld am Ausgang der Verhandlungen, weil er sich mit Sicherheit „albern" verhalten habe.

Marinellis Bericht von der gescheiterten Mission

Geschickt nimmt Marinelli den Prinzen wieder für sich ein, indem er behauptet, beim Gespräch mit Appiani so-

DRITTER AUFZUG

Marinellis „Opferbereitschaft"

gar in Kauf genommen zu haben, sein Leben beim Duell zu verlieren. Er habe dem Grafen „Dinge [gesagt], über die er sich vergaß". Auf dessen Beleidigungen hin habe er schließlich „auf der Stelle" mit einer Duellforderung reagiert. Wäre der Graf Appiani bei diesem Duell umgekommen, hätte der Prinz freies Feld gehabt; wäre Marinelli umgekommen, hätte der Graf fliehen müssen und der Prinz hätte Zeit gewonnen. Der Prinz ist von Marinellis Aufopferungsbereitschaft überrascht, doch als er vernimmt, dass Appiani das Duell „auf die ersten acht Tage nach der Hochzeit" verschoben habe, verfällt der Prinz wieder in seinen sarkastischen Tonfall und spielt Marinellis ‚Bemühungen' herunter.

Marinelli gelingt es indes erneut, das Gesprächsthema zu seinen Gunsten zu wechseln, indem er mit ironischem Unterton fragt, was denn der Prinz in der Zwischenzeit „für sich selbst getan" habe. Er sei ja wohl „so glücklich [gewesen], sie [Emilia] noch in der Kirche" gesprochen zu haben. „Höhnisch" beschreibt der Prinz seinen Misserfolg als Erfolg, Emilia sei seinem „Verlangen mehr als halbes Weges" entgegengekommen, daher bedürfe er Marinellis Hilfe nicht mehr, dieser könne gehen.

Marinellis Entführungsplan

Marinelli führt das Gespräch wieder auf die Wirklichkeit zurück und eröffnet dem Prinzen nach und nach seine zweite Intrige, die er schon längst in die Wege geleitet hat: die Entführung Emilias. Der Prinz reagiert zunächst auf Marinellis Andeutungen mit Spott, für den Überfall solle er Marinelli wohl das „Kommando ... [über seine] Leibwache geben", damit er sich höchstpersönlich – sozusagen als Fünfzigster – mit den Leibwächtern in den Hinterhalt lege und Emilia schließlich „im Triumphe ... [ihm] zubrächte".

Marinelli deutet an, dass es mehr als ein Beispiel dafür gebe, dass „ein Mädchen mit Gewalt entführt worden, ohne dass es einer gewaltsamen Entführung ähnlich gesehen" habe. Er verlangt allerdings vom Prinzen die Gewähr, dass er für etwaige „Unglücksfälle", die ja nie voraussehbar seien, nicht zur Rechenschaft gezogen werde.

Der Überfall ...

In dem Moment, in dem der Prinz äußert, dass es nicht seine Art sei, jemanden für Unvorhergesehenes verantwortlich zu machen, fallen in der Ferne Schüsse.

Erst jetzt klärt Marinelli den Prinzen auf, dass das, „wovon ... [er] gesprochen, geschieht". Knapp skizziert er den Plan des Überfalls: Da der Weg, den das Brautpaar nehmen müsse, unmittelbar am Zaun des fürstlichen Tiergeheges vorbeiführe, habe er diese Stelle zum Überfall ausgesucht. Während ein Teil seiner Leute die Kutsche angriffe, um einen Raubüberfall vorzutäuschen, komme eine zweite Gruppe den Überfallenen vermeintlich zu Hilfe; ein Bedienter werde Emilia ergreifen, als ob er sie „retten wolle, und durch den Tiergarten in das Schloss bringen". Der Prinz durchschaut Marinellis Plan nicht ganz, ihn überfällt eine gewisse „Bangigkeit".

… als vorgetäuschter Raubüberfall

III,2

Nachdem Marinelli den Prinzen weggeschickt hat, damit dieser keinen der maskierten Täter treffe, beobachtet er vom Fenster aus die Kutsche. Ihre langsame Fahrt beunruhigt ihn, er befürchtet, dass hier ein Verwundeter und kein Toter zur Stadt gebracht wird. Erst als Marinelli den Anführer des mörderischen Gesindels, Angelo, erkennt, weiß er, dass seine private Rache geglückt ist und Appiani statt „nach Massa …, nun noch einen weitern Weg" machen muss. Hämisch kommentiert er: „Wer hatte Sie die Affen so kennen gelehrt?"
Angelo berichtet, dass der Überfall geglückt sei. Da der Graf aber offensichtlich vorbereitet gewesen sei, sei beim Schusswechsel auch einer der Banditen, Nicolo, tödlich getroffen worden. Angelo bedauert dies, andererseits fällt ihm Nicolos Anteil zu, da er Nicolo gerächt habe, indem er den Grafen mit einem Schuss getötet habe. Angelo sucht rasch das Weite, noch in der Nacht will er „über die Grenze". Sarkastisch schilt Marinelli Angelo, ein Geizhals gewesen zu sein, weil er nicht noch einen zweiten Schuss abgegeben hat, vielleicht habe sich der Graf ja sogar noch quälen müssen. Vorerst beschließt Marinelli, dem Prinzen den Tod Appianis zu verschweigen, bis dieser selbst herausfinde, wie vorteilhaft dieser Tod für ihn sei.

Marinellis Rache

Der Mord an Appiani

III,3

Der Prinz, der zwischenzeitlich zu Marinelli an das Fenster getreten ist, sieht, wie Emilia – offensichtlich noch unter dem Eindruck des Überfalls – vor Marinellis Diener

Emilia in der Gewalt Marinellis

DRITTER AUFZUG

Die Hilflosigkeit des Prinzen

her auf das Schloss zueilt. Triumphierend zieht Marinelli seine erste Bilanz: „So haben wir sie doch fürs Erste."
Der Prinz indessen ist in diesem Moment völlig ratlos, Hilfe suchend wendet er sich an Marinelli und fragt, ob nicht die Mutter Emilia suchen, ob nicht der Graf nachkommen werde, wie er diesen denn überhaupt Emilia „vorenthalten" könne. Marinelli fordert den Prinzen auf, Geduld zu beweisen, man könne nicht alles vorausplanen, aber „der erste Schritt" sei schließlich getan und er solle sich auf seine vordringlichste Aufgabe, Emilia „zu gefallen, zu überreden", besinnen, dies könne doch einem Prinzen, der verliebt sei, nicht schwerfallen.

Der Vorfall in der Kirche aus der Sicht des Prinzen

Beschämt gesteht der Prinz, gerade in dieser Beziehung in seinem morgendlichen Gespräch mit Emilia völlig versagt zu haben, denn „alle Schmeicheleien und Beteuerungen" hätten Emilia kein Wort entlocken können. „Stumm und niedergeschlagen und zitternd" habe sie vor ihm gestanden, „wie eine Verbrecherin, die ihr Todesurteil höret". Dies habe ihn so ergriffen, dass er mitgezittert und sie schließlich um ‚Vergebung' gebeten habe. Aus diesem Grunde traue er sich kaum, Emilia noch einmal anzusprechen. Daher überlässt er es Marinelli, Emilia zu ‚empfangen'; doch er „will hier in der Nähe hören, wie es abläuft".

III,4

Nachdem der Prinz sich zurückgezogen hat, äußert Marinelli die Hoffnung, dass Emilia nicht mitbekommen hat, dass der Graf Appiani bei dem Überfall erschossen worden ist. Um Emilia nicht als Erster ‚in die Augen' zu fallen, zieht er sich „in einen Winkel des Saales zurück".

Emilias Ankunft im Lustschloss

Marinellis Diener Battista führt die atemlose Emilia in den Saal des Lustschlosses. Unsicher schaut sie sich um und fragt, wo sie sich denn befinde, wo ihre Mutter und der Graf blieben, und hofft, dass diese ihr „auf dem Fuße nach[kommen]". Weil Battista nur sehr vage äußert, er vermute dies, befürchtet Emilia ahnungsvoll, dass die Schüsse, die sie gehört hat, entweder ihre Mutter oder den Grafen getroffen haben. Als Emilia Battista, der vorgibt, nach den beiden Ausschau halten zu wollen, folgen will, tritt Marinelli – für Emilia überraschend – hinzu, „als ob er eben hereinkäme", und begrüßt diese scheinheilig,

„was für ein glückliches Unglück verschafft uns die Ehre –". Überrascht glaubt Emilia, sich bei Marinelli zu befinden, und schildert den Überfall aus ihrer Sicht. Dabei glaubt sie, dass Marinellis Diener, „dieser ehrliche Mann", sie gerettet habe. Voller Sorge nimmt sie an, dass ihre Mutter sich noch in Gefahr befinde, und will erneut das Schloss verlassen. Marinelli sucht sie zu beruhigen, ihre Mutter und der Graf würden bald bei ihr sein, möglicherweise habe sich ihre Ankunft verzögert, weil sie Emilia fälschlicherweise bei den „Wirtschaftshäusern des Gartens" suchten. Als Emilia wiederum den Raum verlassen will, hält Marinelli sie mit dem Hinweis zurück, sie solle sich, ohnehin „schon ohne Atem und Kräfte", schonen, „in ein Zimmer … treten, wo mehr Bequemlichkeit" sei, und darauf warten, dass der Prinz persönlich ihr die Mutter zuführe. Bestürzt nimmt Emilia zur Kenntnis, dass sie sich im Lustschloss des Prinzen befindet. Noch glaubt sie an einen Zufall und nimmt Marinelli ab, dass der Prinz empört über das Verbrechen vor seiner eigenen Haustür sei und die Täter unnachgiebig verfolgen und bestrafen werde.

Emilias Schilderung des Überfalls

III,5

Zu Emilias Bestürzung erscheint der Prinz allein, ohne ihre Mutter; er gibt sich überaus besorgt um Emilias Wohlbefinden und verspricht, dass der Graf und die Mutter sich ganz in der Nähe befänden, doch es gelingt ihm keineswegs, Emilias tiefe Sorge zu zerstreuen. Verzweifelt kniet sie vor dem Prinzen nieder. Dieser, der Emilias Misstrauen zu ahnen glaubt, „sollten Sie einen Verdacht gegen mich hegen?", entschuldigt sich wortreich für sein Verhalten in der Kirche. Er beschwört Emilia, ihm nicht zu misstrauen, „keinen Augenblick an der unumschränktesten Gewalt", die Emilia über ihn habe, zu zweifeln. Schließlich aber solle sie nicht glauben, dass sie „eines andern Schutzes" bedürfe. Klingt dies in der Wortwahl schon recht bedrohlich, so spricht das Verhalten des Prinzen eine eindeutige Sprache: „Er führt sie, nicht ohne Sträuben, ab." Die Aufforderung des Prinzen an Marinelli, ihnen zu folgen, interpretiert Marinelli durchaus zutreffend: „das mag heißen: folgen Sie uns nicht!"

Der Prinz ‚empfängt' Emilia

Der Prinz „führt" Emilia ab

III,6

Tatsächlich wird in diesem Moment von Battista die Ankunft der Mutter gemeldet. Battista glaubt sich entschuldigen zu müssen, keineswegs habe er nach der Mutter suchen wollen, doch habe er ihr ‚Geschrei' schon von weitem vernommen, damit habe sie alle Menschen, die es „in dieser einsamen Gegend" gebe, aufmerksam gemacht und jeder habe ihr den Weg weisen wollen. Ratlos fragt er Marinelli, was nun zu tun sei.

Marinellis Überlegungen, wie Emilias Mutter zu behandeln sei

Marinelli spielt die verschiedenen Möglichkeiten durch und sieht ein, dass es unmöglich sein wird, Claudia von ihrer Tochter fernzuhalten, allerdings werde sie „Augen machen, wenn sie den Wolf bei dem Schäfchen sieht". Sarkastisch glaubt er, dass auch die beste Lunge einmal erschöpft sein müsse, zudem werde es der Mutter sicherlich schmeicheln, „so etwas von einer Schwiegermutter eines Prinzen zu sein". Er ordnet an, sie kommen zu lassen, jedoch solle er dafür sorgen, dass „ihre neugierigen Begleiter" ihr nicht folgten. In diesem Moment hört man Claudia, die nach ihrer Tochter ruft.

III,7

Claudias Auftritt

Beim Eintreten erkennt Claudia sofort in Battista denjenigen wieder, der ihre Tochter aus dem Wagen gehoben und fortgeführt hat. Energisch verlangt sie Auskunft, wo sich ihre Tochter befindet. Battista eröffnet Claudia, dass sein Herr sie zu ihr führen werde.

III,8

Claudias Verdacht

Entgeistert erblickt sie Marinelli und erinnert sich jetzt wieder an den morgendlichen Streit zwischen Marinelli und dem Grafen Appiani. Mit tiefer Verbitterung konfrontiert sie Marinelli mit den letzten Worten des sterbenden Grafen Appiani: der habe nämlich seinen Namen mit einem nicht wiederzugebenden Ton genannt. Die Art, wie er den Namen Marinellis ausgesprochen habe, habe indessen „alles! alles!" enthalten. Nicht Räuber, sondern „erkaufte Mörder" seien die Täter gewesen. Marinelli erfasst sofort, dass Emilias Mutter ihn verdächtigt, und verwahrt sich dagegen, „auf einen Ton, in einem Augenblicke des Schreckens vernommen, die Anklage eines rechtschaffnen Mannes zu gründen". Voller Verachtung duzt Claudia Marinelli bei der Frage: „Was konnte meine Tochter dafür, dass Appiani dein Feind war?" Als sie schließlich erfährt, dass der Prinz „mit der zärtlichsten Sorgfalt" Emilia umsorgt, fällt es ihr wie Schuppen von den Augen. Sie durchschaut einen Teil der Intrige, erkennt, dass das Gespräch des Prinzen mit Emilia durchaus nicht so harmlos war, wie sie zuvor gemeint hatte; sie verflucht Marinelli als ‚feigen, elenden Mörder', der „zur Befriedigung eines fremden Kitzels" habe morden lassen, und bezeichnet ihn als „Kuppler". Marinelli ist in diesem Augenblick nur darauf bedacht, Claudia zur Ruhe zu bringen, und gibt zu bedenken, wo man sich befinde. Durch Claudias Geschrei ist Emilia, die sich in den Privatzimmern des Prinzen befindet, auf ihre Mutter aufmerksam geworden und ruft nach ihr. Entsprechend dem Vergleich, den Claudia zuvor selbst gewählt hat, stürzt sie wie eine „Löwin, der man die Jungen geraubet" hat, in das Zimmer; Marinelli kann sie nicht aufhalten, kann ihr nur noch nacheilen.

Claudia durchschaut die Intrige

Vierter Aufzug

- Im vierten Aufzug greift als letzte Hauptperson die Gräfin Orsina in das Geschehen ein.
- IV,1: Marinelli muss dem Prinzen gestehen, dass Appiani bei dem Überfall getötet worden ist. Er behauptet, dass dies zufällig geschehen sei. Der Prinz wirft Marinelli vor, dass dennoch der Verdacht auf ihn falle. Dies bestätigt Marinelli, allerdings sei der Prinz selbst daran schuld, da er entgegen der Abmachung Emilia in der Kirche aufgesucht und sich damit verdächtig gemacht habe.
- IV,2: Überraschend für den Prinzen wird das Eintreffen der Gräfin Orsina angekündigt.
- IV,3: Orsina trifft zunächst auf Marinelli, bei dem sie sich beklagt, dass sie nicht standesgemäß empfangen wird, zugleich macht sie sich über das höfische Gehabe des Kammerherren lustig. Als sie erfährt, dass der Prinz ihren Brief, in dem sie das Treffen ankündigt, nicht gelesen hat und sie dementsprechend nicht erwartet, wundert sie sich über den Zufall, dass er dennoch ins Lustschloss gekommen sei.

VIERTER AUFZUG

Vierter Aufzug

- IV,4: Im Vorübergehen verdeutlicht der Prinz, dass er Orsina nicht empfangen werde, da er nicht allein sei.
- IV,5: Als Orsina von Marinelli erfährt, dass der Prinz mit Emilia und ihrer Mutter im Nebengemach ist, glaubt sie die Vorfälle um den Mord an Appiani deuten zu können. Gewährsleute haben Orsina mitgeteilt, dass der Prinz Emilia in der Kirche getroffen hat und dass sich beide intensiv miteinander unterhalten haben. Daraus folgert Orsina, dass beide gemeinsam in den Überfall und den Mord verwickelt sind.
- IV,6: Als Orsina gehen will, trifft sie auf Emilias Vater, der zu seiner Familie vorgelassen werden will. Marinelli warnt Odoardo vor Orsina, da diese verrückt sei.
- IV,7: Nach rätselhaften Andeutungen, die Odoardo verwirren, erfährt er, dass Appiani tot ist. Orsina beschuldigt Emilia und den Prinzen gemeinsam in den Meuchelmord verwickelt gewesen zu sein. Damit Odoardo Rache nehmen könne, drängt Orsina ihm einen Dolch auf.
- IV,8: Claudia, die hinzugekommen ist, muss bestätigen, dass Emilia und der Prinz sich am Morgen in der Kirche getroffen haben. Nachdrücklich versichert sie jedoch, dass Emilia keinerlei Schuld treffe. Odoardo schickt seine Frau zurück in die Stadt, da er allein die Angelegenheit regeln könne.

IV,1

Entnervt verlässt der Prinz seine Privatgemächer und kehrt mit Marinelli in den Vorsaal des Lustschlosses zurück, um sich zu „erholen" und Aufklärung über das Schicksal von Appiani zu erhalten.

Marinellis falsche Deutung von Claudias Verhalten

Marinelli deutet den bisherigen Ablauf der Ereignisse vollständig falsch, er macht sich darüber lustig, dass Emilias Mutter sich „wie toll … hier im Saale … gebärdete", aber beim Anblick des Prinzen ganz zahm geworden sei, denn das wisse er wohl, dass „keine Mutter einem Prinzen die Augen auskratzt, weil er ihre Tochter schön findet." Der Prinz erweist sich als besserer Beobachter, ‚ohnmächtig' sei die Tochter in die Arme der Mutter gestürzt, nur darüber habe sie ihre Wut vergessen und, um ihre Tochter zu schonen, habe sie nicht lauter und deutlicher das gesagt, was der Prinz „lieber selbst nicht gehört, nicht verstanden haben will", dass nämlich Appiani bei dem Überfall ums Leben gekommen sei. Als der Prinz Gewissheit über Appianis Tod erhält, erklärt er sich „unschuldig an diesem Blute"; hätte Marinelli ihn vorher darüber informiert, dass der Überfall „dem Grafen das Leben kosten werde", hätte er von allem Abstand genommen.

Der Prinz erfährt von Appianis Tod

Marinelli erklärt heuchlerisch, dass Appianis Tod ein Unglücksfall gewesen sei, an dem Appiani durchaus Mitschuld treffe, da er einen der Verbrecher erschossen habe. Angelo sei darüber in Wut geraten und habe seinen ‚Gefährten' gerächt. Scheinheilig beklagt Marinelli sich darüber, dass der Prinz ihn und Angelo gleichsetze, dass zudem ausgemacht gewesen sei, dass er nicht für „Unglücksfälle, die sich dabei ereignen könnten", verantwortlich gemacht werde. Misstrauisch fragt der Prinz nach, ob der Tod nicht doch gewollt gewesen sei. Verlogen führt Marinelli ins Feld, Appianis Tod habe schon deshalb nicht in seinem Interesse liegen können, da die Duellforderung ja noch bestanden habe; nun – nach Appianis Tod – sei ihm die Genugtuung versagt und seine Ehre bleibe ‚beleidigt'. Gekonnt spielt Marinelli den Verkannten, der alles, selbst die Gunst seines Prinzen, darum gäbe, wenn Appiani noch lebte.

Marinelli weist die Schuld am Mord von sich

Zweifel des Prinzen

Nicht ganz überzeugt („nun gut, nun gut") gibt der Prinz vor, an den Zufall zu glauben, doch zugleich stellt er die Frage, wer außer ihm daran glauben werde. Ungerührt stimmt Marinelli zu, dass weder die Mutter noch Emilia, noch die Welt an diesen Zufall glauben würden; „noch kälter" pflichtet er dem Prinzen bei, dass man „Angelo … für das Werkzeug und … [den Prinz] für den Täter halten" werde. Selbst als der Prinz resignierend feststellt, dass er wohl „von Stund an alle Absicht auf Emilien aufgeben" müsse, bleibt Marinelli ungerührt und weist „höchst gleichgültig" darauf hin, dass der Prinz dies auch gemusst hätte, „wenn der Graf noch lebte". Kurze Zeit gerät der Prinz aus der Fassung, um sich aber sofort wieder zu fangen. Sachlich zergliedert er Marinellis Ansicht: Appianis Tod, wie auch immer er sich zugetragen haben mag, sei für den Prinzen ein Glück und dieses Glück komme seiner Liebe zustatten, „ein Graf mehr in der Welt, oder weniger" sei nicht von Belang. Soweit, so fährt der Prinz sarkastisch fort, könne er Marinelli fol-

Der Verdacht fällt auf den Prinzen

Die Einstellung des Prinzen zum Verbrechen

gen, auch er erschrecke „vor einem kleinen Verbrechen nicht", nur müsse es „ein kleines stilles Verbrechen, ein kleines, heilsames Verbrechen sein". Gerade hiergegen aber sei durch Marinellis ‚weise, wunderbare Anstalten' verstoßen worden, es sei weder ‚still' noch ‚heilsam', jeder werde ihnen das Verbrechen „auf den Kopf zusagen".

Überheblich stimmt Marinelli zu, um dann zu bemängeln, dass ihm mehr unterstellt werde, als er zu verantworten habe. Keineswegs habe er geplant, den Prinzen verdächtig zu machen, dieser habe es vielmehr durch sein Verhalten selbst getan: Bevor der Prinz nämlich am Morgen Emilia seine Liebe gestanden habe, hätten weder die Mutter noch Emilia von der leidenschaftlichen Liebe des Prinzen gewusst, wie also hätten sie nach einem Überfall Argwohn schöpfen können? Erst sein unüberlegter Schritt in der Kirche habe zwar „nicht den ganzen Tanz, aber doch voritzo den Takt" verdorben.

IV,2

Gerade in diesem Augenblick, in dem der Prinz völlig verunsichert ist, wird seine ehemalige Geliebte, die Gräfin Orsina, angekündigt. Hilfe suchend wendet der Prinz sich an Marinelli, doch auch dieser hat keine Erklärung für Orsinas Erscheinen. Der Prinz will sich verleugnen lassen und hofft dadurch, Orsina abschütteln zu können, doch Marinelli ist sicher, dass Orsina sich schwerlich abweisen lässt. Er ist bereit, sie zu empfangen, und fordert den Prinzen auf, sich in das angrenzende Kabinett zu begeben und zu lauschen.

IV,3

Orsinas Auftritt

Als Orsina den Raum betritt, zeigt sie sich zunächst überrascht, dass keiner ihr entgegenkommt, und sie erinnert sich an vergangene Zeiten, als sich ihr „ein ganzes Heer geschäftiger Augendiener [= Schmeichler]" entgegenstürzte. Sie ruft sich den Ort ins Gedächtnis, wo sie „sonst Liebe und Entzücken erwarteten". Als sie Marinelli erblickt, fragt sie, wo sich der Prinz befinde. Scheinheilig fragt dieser zurück, ob Orsina ihn denn in Dosalo vermute, der Prinz zumindest sei „der Gräfin Orsina hier nicht vermutend". Fast wörtlich übernimmt Marinelli damit die steife höfische Sprache, die uns im ersten Satz von Appiani aufgefallen war.

Erstaunt erkundigt sich Orsina, ob der Prinz ihren Brief nicht erhalten habe. Weil Marinelli bestätigt, dass der Prinz einen Brief erwähnt hat, nimmt Orsina an, dass der Prinz indirekt ihrem Wunsch nach einer Zusammenkunft auf Dosalo entsprochen habe, indem er „eine Stunde darauf wirklich nach Dosalo abgefahren" sei. Während Marinelli noch über diesen ‚sonderbaren Zufall' nachdenkt, macht Orsina sich über Marinelli lustig: „Wundert sich das Gehirnchen? und worüber denn?" Seine Antwort darauf, dass Orsina noch am Tag zuvor „weit entfernt [gewesen sei], dem Prinzen jemals wieder unter die Augen zu kommen", entkräftet sie damit, dass „bessrer Rat ... über Nacht" komme.

Orsina glaubt, sie werde erwartet

Misstrauisch geworden durch – wie sie fast vulgär und gänzlich unhöfisch formuliert – weibliches „Gequieke" und „Gekreusche" aus den Räumen, in denen sie den Prinz vermutet, versucht sie zum Prinzen vorzudringen, wird aber von Marinelli zurückgehalten. Energisch weist Orsina darauf hin, dass der Prinz auf sie warte, jedoch ungerührt eröffnet Marinelli ihr, dass der Prinz weder auf sie warte, noch sie zu sprechen wünsche, noch ihren Brief gelesen habe. Dies habe er allerdings nicht aus „Verachtung", sondern nur aus Zerstreutheit getan. Betroffen greift Orsina das Wort „Verachtung" auf und überlegt, warum an die Stelle der Liebe Verachtung habe treten müssen, Gleichgültigkeit reiche ja wohl aus. Marinellis gedankenlose Bestätigung „allerdings, allerdings" steigert Orsinas Empörung. Höhnisch belehrt sie das „nachplaudernde Hofmännchen", dass „Gleichgültigkeit ein leeres Wort, ein bloßer Schall ist, dem nichts ... entspricht". Marinellis gespielte Bewunderung, dass Orsina „eine Philosophin" sei, nimmt sie auf, um die geistige Beschränktheit des Prinzen zu verhöhnen: „Wie kann ein Mann ein Ding lieben, das, ihm zum Trotze, auch denken will?" Sarkastisch kennzeichnet sie die Rolle der Frau, „lachen, ... nichts als lachen, um immerdar den gestrengen Herrn der Schöpfung bei guter Laune zu erhalten". Voller Hohn fordert sie Marinelli auf, mit ihr über den Zufall zu lachen, dass der Prinz, ohne ihren Brief erhalten zu haben, nach Dosalo gekommen

Marinelli eröffnet Orsina die Wahrheit

Orsina, die „Philosophin"

sei. Nachdenklich schränkt Orsina dann jedoch ein, dass es keinen Zufall gebe, „nichts unter der Sonne ist Zufall", vielmehr glaubt sie nun an eine „allmächtige, allgütige Vorsicht [= Vorsehung]". Dringlich bittet sie Marinelli, ein Gespräch mit dem Prinzen zu ermöglichen.

IV,4

Der Prinz weist Orsina zurück

Der Prinz, der die ganze Zeit im Nebenzimmer gelauscht hat, kommt Marinelli zu Hilfe, indem er – den Saal durchquerend – beiläufig und herablassend Orsina begrüßt und ihr mitteilt, dass er bedaure, sie nicht empfangen zu können, da er beschäftigt und nicht allein sei.

IV,5

Fassungslos stellt Orsina fest, dass der Prinz es nicht einmal mehr für notwendig erachtet, eine „einzige kleine Lüge" auszusprechen, sondern sie mit der Tatsache konfrontiert, dass er nicht allein ist. Verzweifelt bittet sie Marinelli, dass wenigstens er sie „aus Barmherzigkeit" belügen möge. Weil sie zugleich verspricht, danach sofort zu gehen, lässt sich Marinelli dazu herab, ihr zu antworten. Zunächst führt seine Auskunft zu einem Missverständnis. Orsina fällt Marinelli ins Wort, als dieser den Grafen Appiani erwähnt, und erklärt, dies sei eine sehr schlechte Lüge, Appiani könne sich nicht beim Prinzen aufhalten, denn ihr sei unterwegs der Wagen mit der Leiche des Grafen begegnet. Marinelli ergänzt, dass sich „die andern, die mit dem Grafen waren, … glücklich … nach dem Schlosse gerettet" hätten, und zwar die Braut und die Mutter der Braut. Als Orsina erfährt, dass Appianis Braut Emilia Galotti heißt, reagiert sie zunächst völlig überraschend, klatscht in die Hände, macht rätselhafte Andeutungen, legt dann den Finger auf den Mund, als wolle sie Marinelli ein Geheimnis zuflüstern, um ihm ins Ohr zu schreien, dass „der Prinz … ein Mörder" sei. Wie von Sinnen, „aus vollem Halse lachend" wiederholt sie: „des Grafen Appiani Mörder". Appiani, so fährt sie fort, haben „nicht Räuber, den haben Helfershelfer des Prinzen, den hat der Prinz umgebracht!" Ihre Beschuldigung begründet sie damit, dass der Prinz sich am Morgen mit Emilia unterhalten habe, durch ihre ‚Kundschafter' wis-

Orsina entlarvt den Prinzen

se sie sogar, was „er mit ihr gesprochen" hat. Hinterhältig fragt sie Marinelli, ob er auch dies als Zufall bezeichne. Sie droht damit, ihr Wissen am nächsten Morgen „auf dem Markte" auszurufen; wer ihr dann widerspreche, „der war des Mörders Spießgeselle".
Als sie den Raum verlassen will, begegnet sie Emilias Vater, der eilig hereintritt.

Orsinas Drohung

IV,6

Als Orsina vernimmt, dass es sich um Emilias Vater handelt, der sich Marinelli mit Entschuldigungen vorstellt, („vergeben Sie, mein Herr, einem Vater, der in der äußersten Bestürzung ist – dass er so unangemeldet hereintritt"), kehrt sie zurück. Odoardos Sorgen sucht Marinelli zu zerstreuen: Mutter und Tochter gehe es gut, der Prinz sei bei ihnen. Er erklärt sich bereit, Emilias Vater umgehend beim Prinzen zu ‚melden'. Auf die erstaunte Frage hin, warum er nicht gleich vorgelassen werden könne, verweist Marinelli auf das angespannte Verhältnis zwischen dem Prinzen und Odoardo, das ein unvermutetes Auftreten nicht empfehlenswert erscheinen lasse. Während Odoardo sich einsichtig zeigt, weigert sich die Gräfin Orsina, den Saal zu verlassen. Marinelli warnt Odoardo insgeheim vor Orsina, sie sei nicht zurechnungsfähig, am besten sei es, er spreche gar nicht mit ihr.

Marinelli warnt Odoardo vor Orsina

IV,7

Orsina erhöht Odoardos Unruhe durch mehrere Anspielungen, die für Emilias Vater zunächst unverständlich bleiben: sie erklärt, sie wolle „Schmerz und Wut mit … [ihm] teilen", bedauert Odoardos ‚unglückliches Kind' und gipfelt schließlich im Resümee: „Wer über gewisse Dinge den Verstand nicht verlieret, der hat keinen zu verlieren." Geheimnisvoll deutet sie an, dass sie zwar erkenne, dass Odoardo Verstand besitze, doch bedürfe es nur eines Wortes, um ihn um den Verstand zu bringen.

Orsinas rätselhafte Andeutungen

Tief beunruhigt versucht Odoardo, Orsinas Andeutungen als Gerede einer ‚gemeinen Törin' abzutun, doch schon der nächste Satz von Orsina zerstört alle Illusionen: er erfährt, dass Graf Appiani tot ist. Vieldeutig fügt die Gräfin hinzu, dass seine Tochter „schlimmer als tot"

Odoardo erfährt von Appianis Tod

VIERTER AUFZUG

Orsinas Verdächtigung

sei. Odoardos fassungslose Nachfrage beantwortet Orsina damit, dass Emilia nicht physisch tot sei, sie lebe, und ein „Leben voll Wonne! Das schönste, lustigste Schlaraffenleben" liege sogar vor ihr, erkauft durch Verrat. Sie klärt den Vater darüber auf, dass der Prinz und Emilia noch am Morgen „mit ... Vertraulichkeit! mit ... Inbrunst" in der Kirche gesprochen und dabei offensichtlich durchaus „nichts Kleines" verabredet hätten. Die Entführung sei demnach nicht gewaltsam gewesen, aber der Prinz und Emilia hätten einen „Meuchelmord" auf dem Gewissen. Zwar sträubt sich Odoardo gegen diesen Gedanken, weist ihn entschieden als „Verleumdung" zurück, dazu kenne er seine Tochter zu gut: „Ist es Meuchelmord, so ist es auch Entführung"; doch Orsinas „Tropfen Gift" wirkt. Odoardo erkennt seine Wehrlosigkeit in dieser „Höhle des Räubers", er hat keine Waffe bei sich. Da kommt Orsina ihm zu Hilfe, sie zieht einen Dolch hervor, drängt Odoardo, ihn anzunehmen; das Gift, das sie ebenfalls bei sich trägt, behält sie, denn „Gift ist nur für uns Weiber". Weil sie keine Gelegenheit mehr habe, den Dolch zu gebrauchen, fordert sie Odoardo auf, die erste Gelegenheit zu ergreifen, um Rache zu nehmen. Beide seien sie beleidigt worden, sie möglicherweise noch mehr als Odoardo, und damit stellt sie sich als Gräfin Orsina, die „betrogene, verlassene" Geliebte des Prinzen, vor, verlassen wegen Emilia. Aber auch diese werde verlassen, wie alle zukünftigen Geliebten auch. Ekstatisch schildert sie ihre Vision der Rache aller Verlassenen, die wie Rachegöttinnen den Prinzen „zerrissen, zerfleischten, sein Eingeweide durchwühlten – um das Herz zu finden, das der Verräter einer jeden versprach, und keiner gab!" Sie macht deutlich, dass Odoardo als ihr Rächer den Prinzen vernichten soll.

Orsina übergibt Odoardo den Dolch

Orsinas Rachevision

IV,8

Emilias Mutter hat aus dem Verhalten des Prinzen und Marinellis geschlossen, dass ihr Mann eingetroffen sein müsse; suchend betritt sie den Saal, stürzt auf ihren Mann zu, froh in ihm den „Beschützer, ... Retter" zu sehen. Fast flehentlich versichert sie Odoardo, dass Emilia und sie „unschuldig, in allem unschuldig" seien. Äußerlich um Fassung ringend, konfrontiert Odoardo Claudia

Odoardo überprüft Orsinas Aussagen

mit dem, was er soeben erfahren hat, um Orsinas Auskünfte zu überprüfen. Orsina stellt fest, dass ihre Aussagen, dass Appiani tot sei und dass der Prinz am Morgen mit Emilia gesprochen habe, von Claudia bestätigt werden. Auf Odoardos Frage, wie sich Emilia, die den Verdacht hegt, dass Appiani tot ist, verhält, schildert Claudia Emilias gefasste Haltung, ihren abweisenden Ton und ihr zurückweisendes Verhalten dem Prinzen gegenüber. Odoardo bittet die Gräfin Orsina, Claudia mit in die Stadt zurückzunehmen, und weist Claudias Sorge um Emilia zurück. Schließlich bleibe der Vater in der Nähe und werde sicherlich am Ende vorgelassen.

Orsinas und Claudias Rückkehr zur Stadt

Fünfter Aufzug

- V,1: Marinelli und der Prinz beobachten Odoardo vom Fenster aus und versuchen die Reaktionen des Vaters vorherzusagen. Während Marinelli glaubt, Odoardo werde sich für den Einsatz des Prinzen bedanken, befürchtet der Prinz, dass der Vater Emilia in ein Kloster bringen könne. Beide ziehen sich zurück, um einen neuen Plan zu entwickeln.
- V,2: Zurückgekehrt beklagt Odoardo den Tod Appianis und wünscht dem Prinzen Gewissensqualen, die ihm jeden Genuss vergällen sollen.
- V,3: Marinelli eröffnet dem Vater, dass Emilia nach Guastalla gebracht werden soll. Dem erregten Widerspruch des Vaters begegnet Marinelli mit dem Hinweis, dass Emilias Zukunft der Entscheidung des Prinzen obliegt.
- V,4: Wieder allein ruft Odoardo sich zur Ruhe auf und ärgert sich, dass er im Gespräch mit Marinelli zu erregt gewesen sei, um die Begründung für die Rückkehr seiner Tochter nach Guastalla zu erfragen.
- V,5: Überfreundlich begrüßt der Prinz, der mit Marinelli zurückgekehrt ist, Emilias Vater. Als dieser schon glaubt, bestimmen zu können, was mit Emilia geschehen soll, greift die neue Intrige. Marinelli gibt scheinheilig zu bedenken, dass möglicherweise ein Nebenbuhler Appianis in den Mord verwickelt sein könnte, so dass man Emilia als Zeugin in „besondere Verwahrung" bringen müsse. Hierfür sei das Haus des Kanzlers der beste Ort. Schließlich ermöglicht der Prinz eine Aussprache des Vaters mit Emilia unter vier Augen.

Fünfter Aufzug

FÜNFTER AUFZUG

Fünfter Aufzug

- V,6: Wieder allein überdenkt Odoardo die Möglichkeit, dass Emilia sich mit dem Prinzen versteht. Als er tief verletzt gehen will, kommt Emilia herein.
- V,7: In einem dramatischen Dialog beteuert Emilia ihre Unschuld, beschwört den Vater, zu verhindern, dass sie in das Haus der Grimaldis gebracht werde, da sie hier für ihre Unschuld nicht garantieren könne. Verzweifelt entreißt sie dem Vater den Dolch. Als sie sich töten will, reißt ihr Vater den Dolch wieder an sich und ersticht seine Tochter.
- V,8: Odoardo liefert sich dem Prinzen aus, der über ihn richten soll. Den Prinzen aber überantwortet er dem Jüngsten Gericht. Der Prinz gibt vor, erst jetzt Marinellis teuflisches Wesen erkannt zu haben, und verstößt ihn.

V,1

Nachdem Odoardo beide Frauen zur Kutsche begleitet hat, schreitet er in Gedanken im Arkadengang des Schlosses auf und ab. Währenddessen beobachten ihn Marinelli und der Prinz vom Fenster aus.

Marinelli, der offensichtlich durch seinen Diener Battista über Teile des vorherigen Gesprächs informiert worden ist, traut Odoardo nicht zu, dass er gegenüber dem Prinzen das äußert, was „beide Weiber [ihm] in den Kopf gesetzt haben". Vielmehr geht er davon aus, dass Odoardo sich als guter Untertan erweisen und dem Prinzen „für den gnädigen Schutz danken [wird], den seine Familie bei diesem so traurigen Zufalle ... gefunden" hat. Er ist überzeugt, dass Odoardo sein Schicksal und das seiner Tochter in die Hände des Prinzen legen, ruhig zur Stadt zurückkehren und „in tiefster Unterwerfung erwarten [wird], welchen weitern Anteil ... [der Prinz] an seinem unglücklichen, lieben Mädchen" nimmt. Der Prinz bleibt skeptisch, Odoardo werde schwerlich ‚zahm' sein, dazu kenne er ihn zu gut. Er befürchtet, dass der Vater allenfalls seine ‚Wut verbeißen' wird, Emilia aber nicht in die Stadt führt, sondern in ein Kloster „außer meinem Gebiete" ‚verschließt'. Marinelli ersinnt in diesem Augenblick eine neue Intrige, um das abzuwenden, was der Prinz befürchtet. Diese möchte er jedoch zuvor dem Prinzen vortragen, daher verlassen beide zunächst den Saal, in den Odoardo nun erneut eintritt.

Marinelli charakterisiert Odoardo als „guten Untertan"

Befürchtungen des Prinzen

V,2

Odoardo hat zunächst Zeit, sich zu sammeln. Er versucht, seine Gedanken zu ordnen, sich zur Ruhe zu zwingen. Mit etwas Abstand erkennt er Orsinas Beweggrund und charakterisiert sie als eine vor „Eifersucht Wahnwitzige", mit deren Rache sein Vorhaben, Vergeltung für die ‚gekränkte Tugend' zu üben, nicht übereinstimme. Rache für den Mord an seinem Schwiegersohn überlässt er Gott, entsprechend der Bibel: „Die Rache ist mein, ich will vergelten, spricht der Herr." (Römer 12,19) Odoardo geht es nur darum, dass der Prinz „die Frucht seines Verbrechens nicht genießt". Er hofft, dass der Gedanke daran, dass er seine Lust dieses eine Mal nicht befriedigen konnte, ihm die Zukunft vergällen möge.

Odoardo durchschaut Orsinas Beweggründe

V,3

Marinelli, der in der Zwischenzeit in den hinteren Gemächern mit dem Prinzen einen neuen Plan entwickelt hat, tritt mit der scheinheiligen Frage, wo denn Odoardo die ganze Zeit geblieben sei, wieder in den Saal zurück. Ehrlich antwortet Odoardo, dass er die beiden Frauen begleitet habe, und bittet darum, dass der Prinz ihm erlaubt, noch so lange im Schloss zu bleiben, bis seine Frau den Wagen gesandt hat. Marinelli scheint erstaunt, dass Odoardo derartige Umstände macht, der Prinz „würde sich … ein Vergnügen daraus gemacht haben, sie beide, Mutter und Tochter, selbst nach der Stadt zu bringen". Odoardos klare Ablehnung, Emilia noch einmal in die Stadt zu lassen, bringt Marinelli in Argumentationsnöte. Er vermag Odoardo nicht so recht zu erklären, warum Emilia „nur vors Erste" nach Guastalla gebracht werden soll. Er entfernt sich wieder, um den Prinzen zu holen, damit dieser entscheiden könne.

Marinelli eröffnet Odoardo den ‚Wunsch' des Prinzen

V,4

Erneut ist Odoardo sich selbst überlassen. Anfänglich ist er empört, dass ihm vorgeschrieben werden soll, wohin Emilia kommt. Er fragt sich, wer ihm Emilia vorenthalten könne: „Der hier alles darf, was er will?" Kämpfe-

risch will er es mit dieser Macht aufnehmen, selbst wenn das Gesetz ihm dies verbietet, denn „wer kein Gesetz achtet, ist eben so mächtig, als wer kein Gesetz hat."
In diesem Moment wird ihm bewusst, dass seine Wut ihn daran hindert, die Angelegenheit sachlich und distanziert zu betrachten, und er ärgert sich darüber, dass „der Zorn mit dem Verstande davon[rennet]". Zumal er jetzt erkennt, dass er von Marinelli, der „Hofschranze", möglicherweise erfahren hätte, aus welchem Grund Emilia nach Guastalla gebracht werden soll, wenn er ihn nicht unterbrochen hätte. Noch einmal ruft er sich zur Ruhe, als er hört, dass „man kömmt".

Odoardo ringt um innere Ruhe

V,5

Übertrieben herzlich begrüßt der Prinz Emilias Vater. Odoardo begegnet ihm indessen kühl, jedoch versucht er, sich dem Ton des Hofes anzupassen.
Nachdem der Prinz die „stolze Bescheidenheit" Odoardos hervorgehoben hat, leitet er „zur Sache" über. Damit meint er Odoardos Wunsch, seine Tochter zu sehen, die sich zudem beunruhigt zeigt wegen des Ausbleibens der Mutter. Auch er frage sich, warum die Mutter sich entfernt habe, zumal er Mutter und Tochter im „Triumphe nach der Stadt zu bringen" gedacht habe. Sachlich trägt Odoardo dem Prinzen vor, dass er hierauf verzichte, um Emilia die „mannichfaltigen Kränkungen, ... Mitleid und Schadenfreude" „von Freund und Feind" zu ersparen. Obwohl der Prinz verspricht, dafür zu sorgen, dass Emilia keine „Kränkungen des Feindes und ... Schadenfreude" zu erdulden hat, weist Odoardo das Angebot des Prinzen zurück. Nur er als Vater wisse, was Emilia „einzig ziemet – Entfernung aus der Welt – ein Kloster". Damit haben sich die zuvor geäußerten Befürchtungen des Prinzen bewahrheitet, doch seine gelassene Reaktion beweist, dass in der Zwischenzeit eine weitere Intrige gesponnen worden sein muss. Überraschend gesteht der Prinz zu, dass „dem Vater ... niemand einzureden" hat, er könne Emilia bringen, wohin er wolle.
Vorschnell triumphierend wendet sich Odoardo an Marinelli und fragt ihn, wer von ihnen beiden sich denn nun im Prinzen geirrt habe. Der Prinz scheint diese Anspielung nicht zu verstehen.

Gespräch zwischen dem Prinzen und Odoardo

Odoardos Absicht, Emilia in ein Kloster zu bringen

Odoardos vorschneller Triumph

Gerissen entschuldigt sich Marinelli dafür, dem Prinzen zu widersprechen, doch dies gebiete ihm die Freundschaft zu Appiani, von der der Prinz ja wisse. Appiani habe ihn „zu seinem Rächer bestellet". Hinterhältig beruft er sich dabei sogar auf Claudias Aussage, „Marinelli ... war das letzte Wort des sterbenden Grafen". Da man den Verdacht habe, dass nicht Räuber, sondern Nebenbuhler, möglicherweise sogar „begünstigte", den Mord begangen haben, müsse man Emilia vernehmen. Dies aber könne nur in Guastalla geschehen.

Der Prinz reagiert mit geheucheltem Verständnis und fordert überdies Odoardo auf, zu erkennen, dass „das ... die Sache [verändert]". Odoardo ist verbittert darüber, dass er diese Entwicklung „nicht vorausgesehen" hat. Er willigt ein, dass Emilia nach Guastalla zu ihrer Mutter kommt, und bekundet seinen Willen, so lange nicht aus Guastalla zu weichen, „bis die strengste Untersuchung ... [Emilia] freigesprochen" habe; sarkastisch fügt er hinzu, vielleicht benötige man ja auch seine Aussage. Als sei dies sein Stichwort, kündigt Marinelli an, dass man genötigt sei, da die „Form des Verhörs ... diese Vorsichtigkeit" erfordert, „Mutter und Tochter und Vater" zu trennen. Es sei aus diesem Grund sogar nötig, „wenigstens Emilien in eine besondere Verwahrung zu bringen." Die Assoziationen, die Odoardo mit dieser besonderen Verwahrung hat, lassen ihn in seine Tasche greifen, um den Dolch zu zücken, doch schon ein einziger wohlwollender Satz des Prinzen: „Fassen Sie sich, lieber Galotti –", hält Emilias Vater von seinem Vorhaben ab.

Der Prinz, der sich bislang kaum in das Gespräch eingeschaltet hat, erweist sich nun als der unüberwindliche, überlegene Gesprächspartner. Zunächst gibt er vor, Odoardo zu beruhigen, keinesfalls solle Emilia in ein Gefängnis, vielmehr, so fährt er fort, solle die „unbescholtene Tugend" in eine „besondere Verwahrung, ... die alleranständigste" gebracht werden, nämlich in das Haus des Kanzlers Grimaldi und seiner Gemahlin.

Entmutigt wendet sich Odoardo an Marinelli und fordert, „wenn Emilia verwahret werden muss, so müsse sie in dem tiefsten Kerker verwahret werden." Doch sogleich wird ihm wieder bewusst, dass er einer Verschwörung von Marinelli und dem Prinzen zum Opfer gefallen ist, und er erinnert sich an Orsinas Worte: „Wer über

---

Marinellis Intrige: der Mörder, ein Nebenbuhler

Untersuchung des Mordes in Guastalla

Die „Notwendigkeit" getrennter Verhöre

Odoardos Griff zum Dolch

Emilia soll zu den Grimaldis gebracht werden

Der Prinz demonstriert seine Macht

gewisse Dinge seinen Verstand nicht verlieret, der hat keinen zu verlieren!"
Der Prinz stellt abschließend klar, wer die Macht in Händen hat. Zwar formuliert er seine Anordnungen so, als seien auch ihm die Hände gebunden, „was kann ich mehr tun?", jedoch ordnet er, ohne Widersprüche zuzulassen an, „dabei bleibt es! dabei bleibt es!" Odoardo, der längere Zeit „in tiefen Gedanken gestanden" und wohl inzwischen erkannt hat, dass er in dieser Situation keine Chance mehr hat, sich durchzusetzen, täuscht vor, in den Plan des Prinzen einzuwilligen: Er „lasse ... [sich] ja alles gefallen", er „finde ja alles ganz vortrefflich" und natürlich sei das „Haus eines Kanzlers ... eine Freistatt der Tugend", nur wolle er seine Tochter noch einmal sehen, um ihr den Tod des Grafen schonend beizubringen und um ihr zu erklären, warum sie von ihren Eltern getrennt werde.

Odoardos scheinbares Einlenken

Odoardos Bitte um ein Gespräch mit Emilia

Er verlangt, sie in dem Vorsaal unter vier Augen zu sprechen. Selbstgefällig gesteht der Prinz ihm dies zu und äußert seufzend den Wunsch, dass Odoardo „[sein] ... Freund, ... [sein] Führer, ... [sein] Vater" werde.

V,6

Zum dritten Mal bleibt Odoardo allein zurück und muss das zuvor Geschehene verkraften. Noch immer sitzt der Stachel des Misstrauens, den Orsina eingepflanzt hat, in ihm, und er überlegt voller Argwohn, ob Emilia und der Prinz nicht doch gemeinsame Sache machten, ob unter diesen Umständen Emilia es „wert wäre, was ... [er] für sie tun will". Erst jetzt wird ihm klar, dass er bisher verdrängt hat, was er für sie zu tun gedenkt; jetzt, wo ihm zu Bewusstsein kommt, was er beabsichtigt, übermannt ihn Entsetzen („Grässlich!"), und er will, ohne Emilia gesehen zu haben, den Ort verlassen. Mit Blick zum Himmel vertraut er Emilia der Macht an, die „sie unschuldig in diesen Abgrund gestürzt hat", sie „ziehe sie wieder heraus", seine Hand werde hierzu nicht gebraucht.

Odoardos Zweifel

Als er gehen will, tritt ihm Emilia entgegen; und Odoardo versteht dies als Zeichen dafür, dass seine Hand nun doch gebraucht wird.

V,7

Verwundert nimmt Emilia zur Kenntnis, dass nur ihr Vater anwesend ist, während der Graf und ihre Mutter nicht zu sehen sind, zugleich nimmt sie die Unruhe ihres Vaters wahr. Dieser wiederum wundert sich über die Ruhe seiner Tochter. Schicksalsergeben begründet Emilia ihre Ruhe damit, dass „entweder ... nichts verloren [sei]: oder alles". Als Odoardo ihre Einschätzung der Situation hören will, gesteht sie, dass sie alles verloren glaubt und dass sie beide „ruhig sein müssen". Odoardo ist beeindruckt von der seelischen Stärke seiner Tochter, die ‚ruhig ist, weil sie ruhig sein muss'. Als Gründe dafür, dass alles verloren sei, sieht Emilia Appianis Tod, vor allem aber den Grund für seinen Tod. Als sie von ihrem Vater hört, dass ihre Mutter schon ‚voraus' sei, beschwört sie den Vater, ihr sofort zu folgen, zu „fliehen". Niedergeschlagen weist Odoardo auf die Sinnlosigkeit einer Flucht hin, Emilia bliebe dennoch „in den Händen ... [ihres] Räubers", „allein, ohne ... Mutter", ohne Vater. Voller Empörung fragt Emilia, wer sie halten wolle, wer sie überhaupt zwingen könne, „wer der Mensch ist, der einen Menschen zwingen kann." Als Odoardo Emilia an ihren Grundsatz der Ruhe erinnert, fragt diese, ob „ruhig sein" heißen sollte, „die Hände in den Schoß legen? Leiden, was man nicht sollte? Dulden, was man nicht dürfte?" In diesem Augenblick begreift Odoardo, dass seine misstrauische Haltung jeglicher Grundlage entbehrt; in Emilias Ruhe, die Beherrschung ist und nicht Ruhe aus Übereinstimmung mit dem Prinzen, findet er seine Ruhe, seinen Seelenfrieden wieder. Er muss zugeben, dass – abgesehen von dem zu feinen Stoff, den die Natur gewählt hat – die Frau ein „Meisterstück" der Natur ist, „alles [ist] besser an euch, als an uns." Während er seine Tochter umarmt, gesteht er ihr, dass geplant ist, sie zu den Grimaldis zu bringen. Fassungslos meint Emilia hierzu: „Als ob wir, wir keinen Willen hätten, mein Vater!" Odoardo gesteht Emilia, dass auch ihn dieser Plan so wütend gemacht habe, dass er schon nach dem Dolch gegriffen habe, um Marinelli und den Prinzen umzubringen. Emilia lehnt diese Reaktion ihres Vaters ab, denn „dieses Leben ist alles, was die Lasterhaften haben", vielmehr verlangt sie den Dolch. Odoardo erfasst,

Emilias innere Stärke

Emilia ruft zur Flucht auf

Frauen als „Meisterstück" der Natur

Emilia lehnt den Mord am Prinzen ab

dass Emilia mit dem Gedanken an Selbstmord spielt, und erinnert sie daran, dass auch sie „nur Ein Leben zu verlieren" hat. „Und nur Eine Unschuld!" erwidert sie. Zwar sei sie gegen Gewalt erhaben, äußerer Gewalt könne jeder trotzen, doch nicht der Verführung, „Verführung ist die wahre Gewalt." Ihr „jugendliches, so warmes Blut", ihre Sinne ließen sich nicht unterdrücken. Schon eine Stunde im Hause der Grimaldis, das sie „das Haus der Freude" nennt, hätte sie innerlich so aufgewühlt, dass „die strengsten Übungen der Religion (diesen Tumult in ihrer Seele) kaum in Wochen besänftigen konnten." Dringlich bittet Emilia ihren Vater nochmals, ihr den Dolch zu geben. Odoardo, der noch glaubt, dass Emilia nicht ernsthaft an Selbstmord denkt, übergibt ihr den Dolch mit der Frage: „Wenn ich dir ihn nun gebe – da!", um sofort zu erkennen, dass es Emilia ernst ist. Er entreißt ihr den Dolch, mit dem sie sich umbringen wollte, wieder. Sofort sucht Emilia nach einer Haarnadel, findet jedoch zunächst die Rose, die sie im Haar trägt, und entfernt sie, denn sie gehöre nicht in das Haar von „einer – wie mein Vater will, dass ich werden soll!" Während sie die Rose zerpflückt, erinnert sie ihren Vater, dass es früher einen Vater gegeben habe, der seiner Tochter, um sie „von Schande zu retten, ihr den ersten den besten Stahl in das Herz senkte". Sie erinnert damit an die Legende vom Tod der Virginia. Als sie hinzusetzt, dass es diese Väter nicht mehr gebe, verliert Odoardo seine letzte Fassung, er durchbohrt Emilia mit den Worten: „Doch, meine Tochter, doch!" Entsetzt fragt er sich jedoch sofort: „Gott, was hab ich getan!" Er hält seine Tochter in den Armen, und sterbend antwortet Emilia ihm auf diese Frage: „Eine Rose gebrochen, ehe der Sturm sie entblättert." Dankbar für diese Tat küsst sie die ‚väterliche Hand'.

Verführung als „wahre Gewalt"

Erinnerungen an das „Haus der Freude"

Die Rose im Haar

Odoardo erdolcht seine Tochter

V,8

In diesem Augenblick betreten der Prinz und Marinelli den Raum, und mit Entsetzen erfasst der Prinz die Situation. Während Marinelli schon die Konsequenzen für seine Person erahnt und „Weh mir!" ausruft, fragt der Prinz mit offensichtlichem Entsetzen: „Grausamer Vater, was haben Sie getan!" Odoardo wiederholt Emilias Worte von der gebrochenen Rose. Emilia versucht noch im Sterben ihren Vater von der Schuld zu entlasten, doch Odoardo lässt nicht zu, dass Emilia mit einer „Unwahrheit aus der Welt" geht, und gesteht die Tat.

Nachdem Odoardo die tote Emilia „sanft auf den Boden" gelegt hat, fragt er den Prinzen zynisch, ob Emilia ihm immer noch gefalle, ob sie auch jetzt noch seine Lüste zu reizen vermöge.

Odoardos zynische Frage

Nach einer kurzen Besinnungspause erklärt er dem Prinzen, indem er ihm den Dolch vor die Füße wirft, dass er nicht – wie der Prinz vielleicht erwarte – den Dolch gegen sich selbst wende, sondern auf einen Prozess warte, den der Prinz als Richter zu führen habe. Letztlich aber warte er auf den Prinzen „vor dem Richter unser aller".

Der Prinz als Odoardos Richter

Der Prinz, der offensichtlich wirklich kurze Zeit tief erschüttert ist, fordert Marinelli auf, den Dolch aufzuheben, reißt ihm diesen aber wieder aus der Hand, als er ein verdächtiges Zögern bei Marinelli bemerkt. Offensichtlich befürchtet er, Marinelli wolle sich selbst mit dem Dolch töten; er fordert Marinelli auf, sich „auf ewig zu verbergen!", und verfällt wieder – ohne seine eigene Schuld auch nur ansatzweise zuzugeben – in sein schon zu Beginn des Dramas formuliertes Selbstmitleid, wenn er zum Schluss ausruft: „Ist es, zum Unglücke so mancher, nicht genug, dass Fürsten Menschen sind: müssen sich auch noch Teufel in ihren Freund verstellen?"

Marinellis Verbannung

Figurenkonstellation

Der Adel

Hettore Gonzaga, Prinz von Guastalla

Hettore Gonzaga, Prinz von Guastalla

- Der Prinz hat gegenüber dem übrigen Adel als absolutistischer Herrscher eine herausragende Stellung. Ein wesentliches Merkmal ist seine Justizhoheit. Selbst Machtmissbrauch und Willkür bleiben ungeahndet.
- Während Odoardo als Vertreter bürgerlichen Denkens den Prinzen als „Wollüstling" bezeichnet, entspricht der leichtfertige Umgang des Prinzen mit Frauen den Gepflogenheiten des Adels.
- Zwar ist der Prinz kein Despot, sondern nur ein egoistischer Liebhaber, doch seine Macht verführt ihn dazu, Entführung, Mord und Freiheitsberaubung in Kauf zu nehmen, um an sein Ziel zu kommen.

Seine politische Stellung und Funktion als Fürst

Es sei an dieser Stelle noch einmal nachdrücklich gesagt, dass der Begriff „Prinz" in Lessings Drama gleichzusetzen ist mit „Fürst", und damit gewinnt der Prinz in seiner Funktion gegenüber den übrigen Adligen eine deutlich herausgehobene Stellung. In seinem bekannten Werk „Der Fürst" (1513) benennt Niccolò Machiavelli die Macht als einzigen Zweck jeglicher Regierungskunst eines Fürsten. Sein Streben kann nur den Zweck haben, Macht zu erwerben und zu erhalten, daher muss der Fürst unter Umständen außerhalb gesellschaftlicher und moralischer Bindungen handeln. Politik ist in Machiavellis Augen absoluter Kampf, und „Regeln des politischen Handelns aufzustellen, hat demnach nur einen Sinn, wenn man sie auf der Basis aufstellt, daß alle Mittel gelten." (Freyer, S. 15)

Schon wenige Jahre später verfasst Erasmus von Rotterdam eine Widerlegung der Thesen von Machiavelli in seiner Schrift „Fürstenerziehung". Darin stellt er die Frage nach dem Sinn der Macht. Politik ist für ihn verknüpft mit Moral, mit der Religion und der Sittenlehre.

Machiavellis Vorstellungen von der Regierungskunst

Gegenposition zu Machiavellis Ansichten

Das Handeln des Fürsten, die Ausübung der Macht ist gebunden an religiöse Gebote und Gesetze. Friedrich II. von Preußen schließlich verfasste mehrere Schriften, in denen er sich mit Machiavellis Thesen auseinander setzte und ihnen widersprach, wenngleich Herder feststellt, dass Friedrich II. „Machiavelli folgt, ob[gleich] er ihn ... widerlegt hat".

> „Auf die kürzeste Formel gebracht, könnte man den Kern des ‚Anti-Machiavel' so fassen: Wer sich sein Fürstenamt nicht leicht macht, vielmehr außer den Rechten auch die Pflichten eines Herrschers übernimmt, dessen Macht wird gefestigt bleiben. Wenn er in jeder Beziehung die Wohlfahrt seiner Untertanen fördert, dann werden ihm die Bürger treu bleiben. Und Bürgertreue ist nach übereinstimmender Aussage Machiavellis und Friedrichs das sicherste Pfand der Herrschaft." (Freyer, S. 15)

Die Frage, ob der Fürst die von ihm selbst erlassenen Gesetze denn auch beachten müsse, wird im Sinne des Absolutismus verneint, denn der Herrscher kennt keinen Herrscher über sich, somit ist er auch der Vollstreckung der Gesetze entzogen. Die Gegenbewegung dagegen besteht darauf, dass der Fürst sich auch den Gesetzen, die man auf andere anwendet, selbst unterziehen muss. Damit kristallisieren sich zwei zentrale Aspekte heraus: Macht und Gerechtigkeit.

Der Fürst und die Gesetze

Auch wenn Lessing den Handlungsort seines Dramas nach Italien verlegt, so bleibt doch jederzeit erkennbar, dass er das Deutsche Reich des 18. Jahrhunderts meint. Die Uneinheitlichkeit der Verfassungswirklichkeit wird deutlich, wenn man sich die Vielgestaltigkeit der etwa 300 auf dem Reichstag vertretenen Reichsstände vor Augen hält. Die Gerichtsverfassung bietet entsprechend ein verwirrendes Bild, doch grundsätzlich kann festgestellt werden, dass der Kaiser immer mehr an Kompetenzen verliert, während die Fürsten immer stärker werden. Die größeren Fürstentümer erhalten durch das „privilegium de non appellando" „fast vollkommene Justizhoheit, denn es bedeutete, dass gegen Urteile von Gerichten ihres Landes Berufung nicht mehr zum Reichskammergericht ... eingelegt werden konnte, sondern nur bei ihren eigenen Hofgerichten, die damit – in unserer Terminologie – zu Oberlandesgerichten mit endgültiger Entscheidungskompetenz wurden." (Wessel, S. 372)

Verfassungswirklichkeit im Deutschen Reich des 18. Jahrhunderts

Justizhoheit der Fürsten

Der Prinz von Guastalla wird uns entsprechend in seiner juristischen Machtfülle vorgestellt, er bestätigt Todesurteile und veranlasst die Scheinuntersuchung des Überfalls. Nur die Gräfin Orsina durchschaut die juristische Vertuschungsmöglichkeit, wenn sie Marinelli androht, „Morgen will ich es auf dem Markte ausrufen. – Und wer mir widerspricht – wer mir widerspricht, der war des Mörders Spießgeselle." (57/2–4)

Der Prinz in „Emilia Galotti"

Der Prinz von Guastalla hat – auch wenn wir ihn nur sehr selten als Repräsentanten seines Staates kennen lernen – Macht und übt diese Macht aus. Im ersten Akt zeigt sich der Prinz zunächst in der typischen Rolle des Herrschers, der sorglos mit Geld umgeht, der umgeben ist von Bediensteten, die sofort zur Verfügung zu stehen haben, und der als oberste juristische Instanz Macht ausübt: Der Prinz beschäftigt sich, wenngleich lustlos, mit Verwaltungsgeschäften, Bittschriften und sonstigen Papieren, bis er auf das Bittschreiben einer Emilia Bruneschi stößt, die ihn an Emilia Galotti erinnert. Nur wegen der Namensgleichheit ist er bereit, eine nicht genannte hohe Forderung sofort zu gewähren; er ist sogar bestrebt, dies umgehend von seinem Rat ausführen zu lassen. Der Name Emilia hat den Prinzen aus der Ruhe gebracht, er sucht Zerstreuung, will ausfahren und verlangt nach seinem Kammerherrn Marinelli, der ihn begleiten soll. Marinelli, der entsprechend der höfischen Rangordnung das Aufstehen des Prinzen am Morgen hätte überwachen müssen, entschuldigt sich, nicht sogleich zur Stelle gewesen zu sein, aber er sei sich „eines so frühen Befehls nicht gewärtig" (10/26f.) gewesen. Im Gespräch mit Marinelli kritisiert der Prinz spöttisch dessen Einstellung gegenüber den ‚ersten Häusern' und zeigt damit seine liberale Haltung und seine Überlegenheit gegenüber Marinellis beschränktem Denken in festgelegten Rangordnungen.

Die höfische Rangordnung scheint ungebrochen, bis Marinelli dem Prinzen die bevorstehende Heirat des Grafen Appiani mit Emilia Galotti mitteilt. In diesem Moment übermannt den Prinzen sein Gefühl, und er verliert, ohne es zu bemerken, die Kontrolle über die Macht. Das Ende des ersten Aktes belegt eindrucksvoll, wie seine

Leidenschaft das Machtgefüge verändert: Bedenkenlos und unüberlegt überantwortet der Prinz seinem Untergebenen Marinelli die Verantwortung für den Plan, Emilias Hochzeit zu verhindern; dem Rat Rota überlässt er es, das Gesuch der Emilia Bruneschi zu gewähren oder noch abzuwarten, „wie Sie wollen" (17/5).

In seiner Funktion als Richter entscheidet der Prinz brutal und willkürlich. Aus einer augenblicklichen Stimmung heraus ist er bereit, ein Todesurteil „recht gerne" im Vorübergehen zu unterschreiben, und wird nur von seinem bedächtigen bürgerlichen Rat Rota daran gehindert, verantwortungslos zu handeln. So wie der Prinz unbedacht und ohne weiteres Nachdenken dieses Todesurteil unterschrieben hätte, so besiegelt er später mit einer Nebenbemerkung Emilias Schicksal, indem er – auf Anraten Marinellis – die juristische Unumgänglichkeit eines ‚besonderen Gewahrsams' für Emilia im Hause des Kanzlers vortäuscht. Damit wird die Gerechtigkeit, in deren Namen der Mord angeblich untersucht werden soll, zur schreienden Ungerechtigkeit; die Macht wird missbraucht, um Privatinteressen zu befriedigen.

Die Willkür des Prinzen

Odoardo glaubt ebenso wie die Gräfin Orsina zu wissen, wie die Liebe des Prinzen einzuschätzen sei: Der Prinz ist „ein Wollüstling, der bewundert, begehrt" (23/4 f.); Emilia wird „ein Leben voll Wonne! Das schönste, lustigste Schlaraffenleben" genießen, „so lang es dauert" (59/34–36). „Bald wird auch sie verlassen sein." (61/6 f.) Odoardo und Orsina gehen davon aus, dass der Prinz zu keinem tieferen Gefühl fähig ist.

Was bedeutet die Liebe des Prinzen?

Der Prinz hingegen gesteht seinem Kammerherrn, „ich liebe sie; ich bete sie an" (14/3). Die Liebe zu Emilia hat, so glaubt der Prinz, eine andere Dimension als die Liebe zu Orsina, und durch diese neue Erfahrung empfindet er sich „besser" (6/13) als früher. Die Liebe zu Orsina habe ihn zwar „so leicht, so fröhlich, so ausgelassen" (6/10 f.) gemacht, nun aber glaubt er, in Emilia jene Vollkommenheit gefunden zu haben, die er in ihrem Bild zuvor bewundert hat.

Emilia, das bürgerliche Mädchen, übt sicherlich eine besondere Anziehungskraft auf den Prinzen aus, denn sie ist nicht mit den hofüblichen Galanterien zu gewinnen wie etwa die Gräfin Orsina, die sogar bereit ist, sich neben einer zukünftigen Ehefrau des Prinzen als Mätresse einzurichten. Dass aber dieser Reiz des Neuen tatsächlich eine völlige Wandlung seiner Liebesempfindung hervorgerufen haben soll, scheint kaum glaubhaft angesichts der Handlungs- und Denkweise, die jegliches Gespür für Emilias Gefühle und ihr Selbstbestimmungsrecht vermissen lässt.

Die Rituale des Hofes

Dass der Prinz nicht in der gewohnten Weise ein Liebesverhältnis beginnen kann, liegt darin begründet, dass er die höfischen Normen und Rituale nicht in die bürgerliche Welt projizieren kann. Das galante Gespräch in der Abendgesellschaft beherrscht der Prinz, im höfischen Umkreis wären zudem die unübersehbaren Signale, dass er sich auf eine Liaison einzulassen wünscht, verstanden worden, ein Gespräch aber außerhalb der höfischen Konventionen – so ahnt er – wird ihm nicht den gewünschten Erfolg bringen.

Marinellis Denkweise

Marinelli erinnert den Prinzen schließlich daran, „dass er ‚Herr' ist und vieles – Marinelli glaubt: alles – mit Befehlen und mit Betörung in Bewegung setzen kann. Da der Prinz ihm ‚freie Hand' lässt, sorgt Marinelli denn auch dafür, dass dieser Liebeshandel nicht nur gewöhnlich, einer nach dem Muster von vielen, sondern dass er so ‚gemein' wird wie nur denkbar, jedenfalls so viel er als Intrigant dazutun kann und so viel er davon versteht." (Bauer, S. 16)

Die Schwäche des Prinzen

In dem Maße, in dem Marinelli die Initiative übernimmt, verliert der Prinz die Kontrolle über die Handlung, und es kann keineswegs die Rede davon sein, Lessing zeige „einen glänzenden und starken Fürsten, der jederzeit Herr der Situation ist" (Müller, S. 25). Von seiner Liebe gefangen genommen, treibt es ihn geradezu, Emilia wieder zu treffen. Entgegen der ausdrücklichen ‚Anordnung' Marinellis begibt er sich in die Kirche, denn „geschmachtet, geseufzet hab ich lange genug, – länger als ich gesollt hätte: aber nichts getan! und über die zärtliche Untätigkeit bei einem Haar alles verloren" (16/7–9). Ohne es zu wissen, hat er jedoch schon – durch Marinellis teuflischen Entführungsplan – die Spirale der Gewalt in Gang gesetzt; ohne es zu ahnen, hat er etwas ‚getan' und wird alles verlieren.

Das unstandesgemäße Verhalten des Prinzen

Ungeschickt und völlig unstandesgemäß bedrängt der Prinz Emilia in der Kirche und gesteht gegen jede Konvention verstoßend seine Liebe, muss aber erkennen, dass Emilia völlig verstört – völlig anders als bei der Abendgesellschaft – reagiert. „Mit allen Schmeicheleien und Beteuerungen konnt ich ihr auch nicht ein Wort auspressen. Stumm und niedergeschlagen und zitternd stand sie da; wie eine Verbrecherin, die ihr Todesurteil höret. Ihre Angst steckte mich an, ich zitterte mit, und schloss mit einer Bitte um Vergebung. Kaum getrau ich mir, sie wieder anzureden." (39/10–15) Ironie der Situation: Derjenige, der durch seinen Kammerherrn die unbeschränkte, tödliche Gewalt in Gang gesetzt hat, weil ihm die Macht zur Verfügung steht, zittert vor derjenigen, die machtlos und furchtsam ist. Auch bei dem einzigen Treffen auf der Bühne überlässt der Prinz zunächst seinem Kammerherrn die Begrüßung von Emilia. In dem Augenblick aber, in dem Emilia sich in der unmittelbaren, körperlich spürbaren Gewalt des Prinzen befindet, zeigt er genau diese Skrupellosigkeit, verliert jegliche Rücksicht und wandelt sich zum ‚Wollüstling', zum skrupellosen Nutznießer von Marinellis Hinterlist. Emilia, die ihre absolute Ohnmacht erkennt, unterwirft sich als Untertan dem Prinzen, „zu Ihren Füßen, gnädiger Herr –" (41/27). Der Prinz, der in dieser Sekunde die vollständige Selbstaufgabe Emilias erkennen und – als überlegt handelnder Souverän – erfassen müsste, dass er die Grenzen überschritten hat, ist nicht gewillt zurückzustecken. Zwar entschuldigt er sich gefühlsbetont und eloquent: „Ich bin äußerst beschämt. – ... Mein Betragen diesen Morgen, ist nicht zu rechtfertigen: – zu entschuldigen höchstens. Verzeihen Sie meiner Schwachheit. Ich hätte Sie mit keinem Geständnisse beunruhigen sollen, von dem ich keinen Vorteil zu erwarten habe" (41/28–33), und redet Emilia ein, dass alles, was geschehe, „einzig und allein" (42/7) von ihrem Willen abhinge, um im gleichen Atemzug seine Skrupellosigkeit zu beweisen, indem er warnt: „Nur falle Ihnen nie bei, dass Sie eines andern Schutzes gegen mich bedürfen." (42/11 f.) Sein Redefluss dient ausschließlich dazu, die willenlose Emilia aus dem öffentlich zugänglichen Vorsaal des Lustschlosses in die keinem zugänglichen Privatgemächer zu ‚entführen' – in der Hoffnung, sie doch noch verführen zu können. Während er Emilia körperlich bedrängt, denn „er führt sie, nicht ohne Sträuben, ab" (42/13), verspricht er ihr, in völliger

> Emilias Ohnmacht

> Die Skrupellosigkeit des Prinzen

Verkenntnis ihrer Seelenverfassung, dass „Entzückungen" auf sie warten.

Der Prinz als schlechter Menschenkenner

Er erweist sich, wie Marinelli in anderen Situationen, als schlechter Beobachter und Menschenkenner. Das höfische Leben hat seinen Blick für die Gefühlswelt anderer verstellt. Nur so ist es erklärlich, dass er auch später noch hofft, Emilia gefügig machen zu können. Nur so ist verständlich, dass er die sich anbahnende Katastrophe nicht erkennt.

Missbrauch der Macht

Unbarmherzig unterstützt er Marinellis Plan, um Emilia von ihrer Familie zu trennen und bei seinem Kanzler Grimaldi unterzubringen, obgleich er aufgrund der bisherigen Reaktionen von Emilia wissen müsste, dass sie seine Liebe nie erwidern würde. Skrupellos lässt er Odoardo in die Falle tappen, um sich an dessen Begriffsstutzigkeit zu ergötzen. Schließlich bricht der Prinz das Gespräch mit Odoardo kompromisslos mit dem Befehl ab: „Dabei bleibt es! dabei bleibt es!" (70/18 f.) Dem abschließenden sentimentalen Ausruf „O Galotti, wenn Sie mein Freund, mein Führer, mein Vater sein wollten!" (71/3 f.) wird man allenfalls die Illusion, vielleicht doch noch eine Beziehung zu Emilia mit Billigung des Vaters zu knüpfen, zusprechen können. Einmal mehr aber beweist dieser Satz, dass der Prinz die seelische Belastung seiner Gegenspieler und deren wirkliche Gefühle nicht versteht.

Nicht einmal der Tod Emilias lässt den Prinzen zur Besinnung kommen; den tragischen Ausgang der Intrige und der Entführung legt er Marinellis teuflischem Charakter zur Last.

Die soziale Anklage des Dramas

Zwar ist Hettore Gonzaga kein Tyrann, aber „gerade weil Hettore Gonzaga kein Tyrann ist, gewinnt die soziale Anklage an Schärfe, zielt über die Person hinaus auf das System. ... Ist ... ein nur verliebter, nur gedankenloser Fürst schon Urheber von Leid und Mord, dann wird daran der Kardinalfehler des absolutistischen Systems sichtbar. ... Ein Fürst, der nur Mensch sein, sich der Liebe hingeben will, wird gerade dadurch zum Unmenschen; denn als Fürst ist er nicht Individuum, sondern Staat. Seine individuelle Regung ist zwangsläufig Staatsaktion." (Schmitt-Sasse, S. 32)

Graf Appiani

> **Graf Appiani**
>
> → Graf Appiani gehört gleichfalls zum Adel, doch vertritt er eher bürgerliche Tugenden und fühlt sich vom höfischen Treiben abgestoßen. Daher genießt er auch die besondere Wertschätzung Odoardos, der ansonsten den Adel ablehnt.
> → Die Liebe zu dem bürgerlichen Mädchen Emilia belegt seine Abwendung von der höfischen Gesellschaft.
> → So ist es auch konsequent, dass Appiani plant, sich vom Hof zurückzuziehen, um damit Emilia vor den Gefahren des Hofes zu beschützen.

„Ein sehr würdiger junger Mann, ein schöner Mann, ein reicher Mann, ein Mann voller Ehre" (12/27–29) schwärmt der Prinz, als er erfährt, dass der Graf Appiani ein „Mädchen ohne Vermögen und ohne Rang" (12/18 f.) zu heiraten gedenkt. Dieser Appiani scheint das verwirklichen zu wollen, was dem Prinzen zumindest bei seiner gegenwärtigen Verliebtheit als ‚romantisches Ideal' erscheint: er ‚überlässt' sich „den Eindrücken, die Unschuld und Schönheit auf ihn machen" (12/22 f.). Der Prinz beneidet Appiani, weil dieser offensichtlich nicht durch Staatsgeschäfte in seinem Handeln eingeschränkt ist, und er überlegt, ob es ihm nicht doch gelinge, Appiani in das Leben am Hof einzubinden.

Die Hochachtung des Prinzen gegenüber Appiani

Das „romantische Ideal"

Marinellis sarkastischer Hinweis, dass der Graf sich vom Hof ‚nach seinen Tälern von Piemont' zurückzuziehen gedenkt, um „Gemsen zu jagen ... und Murmeltiere abzurichten" (12/33 f.), steigert die Wertschätzung des Prinzen. Abfällig und höhnisch geht er auf Marinellis Hinweis ein, dass Appiani schon aus dem Grund auf das Land ziehen müsse, da ihm in Zukunft „der Zirkel der ersten Häuser" (12/36) verschlossen bliebe: „Mit euern ersten Häusern! – in welchen das Zeremoniell, der Zwang, die Langeweile, und nicht selten die Dürftigkeit herrschet. –" (12/38 f.)

Hochachtung, Bewunderung und Zuneigung verkehren sich von einer Sekunde auf die andere in Wut, Verzweiflung und Selbstmitleid, als der Prinz von Marinelli erfährt, wer die zukünftige Frau Appianis sein wird. Von diesem Moment an wird der Hass Marinellis gegenüber Appiani zur treibenden Kraft, der der Prinz nur noch willenlos folgt.

Die Umkehrung der Gefühle

Geschickt versteht es Marinelli, Appianis ursprünglichen Wunsch, dem Prinzen „zu dienen" (32/21), in seinen Plan aufzunehmen: Er täuscht im Gespräch mit Appiani vor, der Prinz benötige dringend seine Unterstützung. Überraschenderweise ist der Graf zunächst bereit, die „angetragene Ehre ... mit Begierd [zu] ergreifen" (31/22 f.); erst als er erfährt, dass er umgehend, also vor seiner Hochzeit, abreisen müsse, weigert er sich.

Appiani und der Hof

Die antihöfische Einstellung des Grafen scheint somit nicht grundsätzlich zu sein. Eher ist es wohl seine Enttäuschung, dass der Prinz bislang auf seine Dienste verzichtet hat, die Appianis Abkehr vom höfischen Leben geprägt hat.

Man darf nicht übersehen, dass „die Anwesenheit eines reichen und ehrenhaften Adligen ... die Ehre des ganzen Hofes [mehrt]; an einem solchen Hof zu leben erhöht die Ehre der einzelnen Adligen. Der Hof erweist sich als Steigerung des adligen Systems von Rang und Ehre. Das macht einen großen Teil der Attraktion aus, die das Hofleben auf die Adligen ausübt." (Schmitt-Sasse, S. 33)

Odoardos Bewunderung für seinen Schwiegersohn

„Alles entzückt" Odoardo an seinem zukünftigen Schwiegersohn, an diesem „würdigen jungen Mann" (21/21). Vor allem aber bewundert Odoardo an Appiani gerade die Konsequenz, „in seinen väterlichen Tälern sich selbst zu leben" (21/23), den Hof hinter sich zu lassen, wo er „sich bücken, schmeicheln und kriechen" (22/10 f.) hätte müssen. Warum, so fragt er seine Frau, solle der Graf am Hofe dienen, wo er in seinen Tälern selbst befehlen könne?

Appianis Wertschätzung für Odoardo

Schwärmerisch, als spreche er von einer Geliebten, äußert sich Appiani über seinen zukünftigen Schwiegervater: „Eben habe ich mich aus seinen Armen gerissen: ... Welch ein Mann, meine Emilia, Ihr Vater! Das Muster aller männlichen Tugend!" (27/27–29) Er empfindet es als eine Ehre, der Schwiegersohn dieses außergewöhnlichen Mannes zu werden, und gesteht, dass er sich dieser Ehre erst würdig erweisen müsse, indem er den Vorsatz verwirkliche, „immer gut, immer edel zu sein" (27/31).

Nicht die Nähe zum Prinzen und zum Hof also vermehrt Appianis Ehre, sondern der Einfluss Odoardos, seine unbedingte Tugendhaftigkeit, sein Wille, immer gut und immer edel zu sein. Es hat den Anschein, als veranlasse Appiani das Vorbild Odoardo und nicht die Liebe zu Emilia, dieses Mädchen ‚ohne Vermögen und ohne Rang' zu heiraten.

Es stellt sich die Frage, warum Appiani seinen Entschluss, Emilia zu heiraten, sehr geheim hält, warum er erst auf Drängen der Freunde dem Prinzen von der bevorstehenden Heirat berichten will, warum er schließlich sogar bereit gewesen wäre, sich dem Prinzen als Gesandter zur Verfügung zu stellen? Ist Appiani sich seiner Sache doch nicht so sicher, wie es auf den ersten Blick scheint; fürchtet er, vom Prinzen in letzter Sekunde noch umgestimmt zu werden; fürchtet er den Hohn des Hofes? Zumindest darf man feststellen, dass Appianis Verhältnis zu Emilia seltsam leidenschaftslos, ja fast kühl und distanziert ist, obgleich mehrfach betont wird, dass Liebe die beiden Partner zusammengeführt habe.

Warum verheimlicht Appiani die Heirat?

Appianis Verhältnis zu Emilia

Das erste Treffen des ‚Liebespaares' auf der Bühne wird durch eine doppeldeutige Regieanweisung eingeleitet: „… kömmt … näher, ohne sie [die Vorigen] zu erblicken" (27/12). Tatsächlich übersieht Appiani seine zukünftige Frau nicht nur zu Beginn von II,7, später muss er gestehen: „Wahrlich, das werd ich nun erst gewahr. –" (28/16) Am Ende dieser Szene schließlich gibt er preis, Emilia in Gedanken nur so zu sehen, wie er sie beim ersten Treffen wahrgenommen hat: „[ich] sehe Sie so, auch wenn ich Sie nicht so sehe." (29/3 f.) Das heißt, er nimmt die lebendige, lebensfrohe, heitere, natürliche, verliebte Emilia nicht wahr; ähnlich wie der Prinz, der Maler Conti und Odoardo hat er ein festgefügtes Bild von ihr, und zwar ein unverwandelbares, starres Bild, das durch Odoardos Tugendbegriff geprägt ist. Das Einzige, was Appiani offensichtlich an seiner zukünftigen Ehefrau schätzt, ist, dass sie „eine fromme Frau" ist, die „nicht stolz auf ihre Frömmigkeit ist." (28/8–10)

Gräfin Orsina

Gräfin Orsina

- Gräfin Orsina, die ehemalige Geliebte des Prinzen, ist eine selbstbewusste und geistreiche Adlige, die mit klarem Verstand handelt.
- Sie entspricht mit ihrer freizügigen Einstellung dem Lebensgefühl des Adels und hätte sich durchaus ein Leben als Mätresse neben einer Ehefrau des Prinzen vorstellen können.
- Als sie den Prinzen aufsucht, ist sie mit einem Dolch bewaffnet und hat Gift bei sich, ahnt also, dass sie nicht mehr die Favoritin des Prinzen ist.
- Sie durchschaut den Mord an Appiani sofort als Intrige und setzt Odoardo als ihr Werkzeug ein, um sich am Prinzen zu rächen, indem sie dem tief verunsicherten Vater ihren Dolch übergibt.

Orsina in den Augen des Prinzen

In vielen Inszenierungen hat es sich eingebürgert, die Gräfin Orsina als hysterische, grell geschminkte, lächerliche verlassene Alte auftreten zu lassen, sozusagen als komödiantische Einlage in diesem Trauerspiel.

Tatsächlich ist auch der Prinz bemüht, seine ehemalige Geliebte abzuwerten: so kritisiert er das Bild, das Conti von Orsina gemalt hat, weil dieser nicht ihre „stolze höhnische Miene, die auch das Gesicht einer Grazie entstellen würde" (7/10f.) getroffen habe, weil er ihre „großen, hervorragenden, stieren, starren Medusenaugen" (7/20f.) zu vorteilhaft gemalt und weil er schließlich ihre Charaktereigenschaften „Stolz, ... Hohn, ... Ansatz zu trübsinniger Schwärmerei" (7/25f.) nicht erfasst habe.

Die belesene „Närrin"

Marinelli ist ebenfalls bestrebt, die Gräfin Orsina lächerlich erscheinen zu lassen, und gibt vor, sich nur „aus Mitleid" mit „der Närrin" (11/30) für sie einzusetzen. Marinelli sieht den Gipfel der geistigen Verwirrung darin, dass die Gräfin „zu den Büchern ihre Zuflucht genommen" hat, und fürchtet, dass die Bücher ihr „den Rest geben" (12/1f.) werden. Fast kumpelhaft vervollständigt der Prinz diesen Gedankengang, indem er zynisch behauptet, dass die Bücher „ihrem armen Verstande auch den ersten Stoß gegeben" (12/3f.) haben. Belesene und verstandesbetonte Frauen sind dieser Männerrunde suspekt. Wenn also Regisseure der abwertenden Beurteilung Orsinas durch den Prinzen und Marinelli folgen und die

Gräfin als komische Alte auftreten lassen, so beweisen sie, dass sie die exzentrische Heldin dieses Dramas nicht verstanden haben oder nicht verstehen wollen.

Schon im ersten Gespräch beweist die Gräfin Orsina, dass sie Marinelli sprachlich und geistig überlegen ist, und ironisch beobachtet sie ihn: „Wie er da steht, der Herr Marchese! Was er für Augen macht! Wundert sich das Gehirnchen?" (51/8–10) Wütend verdammt sie kurze Zeit später „das Hofgeschmeiß! So viel Worte, so viel Lügen!" (51/20f.), um Marinelli schließlich als „nachplauderndes Hofmännchen" (52/12) zu charakterisieren. Marinelli versucht mit einer ironischen Bemerkung – „wem ist es nicht bekannt ..., dass Sie eine Philosophin sind?" (52/21f.) – Orsina zu kränken, provoziert damit aber genau die Antwort, die seine und des Prinzen Angst vor gebildeten und vernunftbegabten Frauen entlarvt: „Wie kann ein Mann ein Ding lieben, das, ihm zum Trotze, auch denken will? Ein Frauenzimmer, das denket, ist eben so ekel als ein Mann, der sich schminket." (52/26–29) Sarkastisch fordert sie Marinelli auf, über den ‚sonderbaren Zufall', dass „der Prinz meinen Brief nicht lieset, und dass er doch nach Dosalo kömmt" (52/33f.), mitzulachen, denn mitlachen könne „ja wohl der gestrenge Herr der Schöpfung, ob wir arme Geschöpfe gleich nicht mitdenken dürfen." (52/36–38)

So unzusammenhängend die Äußerungen Orsinas über „Gleichgültigkeit", „Zufall" oder das Wort „aber" auf den ersten Blick zu sein scheinen, so wird bei genauer Betrachtung deutlich, dass Orsina die Einzige in diesem Drama ist, der es gelingt, Situationen zu erfassen, sie zutreffend zu analysieren und zu benennen. In ihrem Dialog beweist sie Marinelli, dass sie seinen Versuch der Beschwichtigung, der Prinz habe nur aus „Zerstreuung ... nicht aus Verachtung" (51/38) den Brief nicht gelesen, durchschaut hat. „Gleichgültigkeit" könne nicht ‚an die Stelle der Liebe' getreten sein, denn: „Das heißt, Nichts an die Stelle von Etwas" (52/11f.) zu setzen. Intuitiv hat sie die Verachtung des Prinzen, die sich für den Zuschauer zuvor bei der Betrachtung des Bildes gezeigt hat, durchschaut und zutreffend beim Namen genannt.

Am Begriff „Zufall" schärft sie den Blick für die eingeschränkte Perspektive auf Ereignisse; zwar scheint die

---

Orsinas ironisches Urteil über Marinelli

Denkende „Frauenzimmer" als Problem der Männer

Orsinas Klugheit

Das Problem des Zufalls

Anwesenheit des Prinzen ein Zufall zu sein, da er ihren Brief nicht erhalten hat, seine Anwesenheit aber ist für sie eine Vorsehung, die es ihr ermöglicht, den Prinzen doch noch zu sprechen. Diese Vorsehung schließlich könnte ihrem Plan, den ungetreuen Liebhaber mit einem Dolch umzubringen und selbst Gift zu nehmen, zum Gelingen verhelfen.

Orsinas Resignation

Erst als Orsina erkennen muss, dass sich der Prinz ihr gegenüber völlig gleichgültig zeigt, vorgibt, beschäftigt zu sein, und keine Zeit für ein Gespräch hat, resigniert sie und erfleht von Marinelli eine ‚einzige kleine' Lüge aus Barmherzigkeit, eine Lüge, wer sich gerade beim Prinzen befinde.

Ausgerechnet Marinelli, der Meister der Intrige und Lüge, verspricht, „einen Teil der Wahrheit [zu] sagen" (54/21), und erzählt – ohne zu bemerken, dass Orsinas Verstand ‚zusammenreimt', „was zusammen gehört" (56/35) –, dass Emilia Galotti nach dem Überfall auf den Grafen Appiani beim Prinzen weile.

Orsina durchschaut das Mordkomplott

Orsinas Klugheit erlaubt es ihr sofort, die wahren Hintergründe des Geschehens zu erfassen. Die Ereignisse sind kein ‚Zufall', und sie schreit Marinelli ins Ohr: „Der Prinz ist ein Mörder!" (56/18) Ihr Racheplan am Prinzen weicht sofort einem neuen Plan. Sie will ihren zwingenden Verdacht, der Prinz habe mit Helfern Appiani ermorden lassen, um Emilia in seine Gewalt zu bringen, öffentlich „auf dem Markte ausrufen" (57/2).

> „Allen sozialgeschichtlich aufmerksamen Interpreten spricht sie damit aus dem Herzen. Sie als Gräfin denkt weiter, radikaler als die verschreckten Vertreter des Bürgertums. Genau besehen ist ihr Einfall freilich nur eine grimmige Phantasie. Die Marktplätze mit ihrer ‚plebejischen' Öffentlichkeit, ihren Hörern von Skandalgerüchten und Moritaten waren dazumal noch weniger als die bürgerliche Öffentlichkeit der Schauspiele ... ein Appellationsgericht gegen Nachstellungen, die vom Souverän ausgingen." (Bauer, S. 59)

Marinellis Warnung vor Orsina

Als Odoardo hinzutritt, scheint Orsina ihren Plan sofort zu verwerfen; schon im Hinausgehen begriffen, kehrt sie mit den Worten „Ha, willkommen!" wieder um. Der besorgte Marinelli, der gehofft hatte, Orsina losgeworden zu sein, versucht, Odoardo glauben zu machen, Orsina sei nicht voll zurechnungsfähig: „Ich sage Ihnen dieses, damit Sie wissen, was Sie auf ihre Reden zu geben haben, – deren sie oft sehr seltsame führet." (58/14–16) Tatsächlich ist die Gräfin wie von Sinnen, denn „wer über gewisse Dinge den Verstand nicht verlieret, der hat keinen zu verlieren." (59/11 f.) Dennoch haben die Ereignisse, wie die folgende Aussprache mit Odoardo zeigt, Orsinas Scharfsinn erhöht: Geschickt reizt sie zunächst Odoardos Neugier, verunsichert ihn durch Andeutungen, um ihn dann in seine eigene Tugendfalle zu locken.

Schon mit der ersten Anrede „unglücklicher Mann" beunruhigt sie Odoardo, dann beteuert sie vieldeutig, dass sie „Schmerz und Wut" (58/32) mit ihm teilen wollte, wäre er ihr Vater, um ihn dann endgültig mit unbestimmten Andeutungen innerlich zu erschüttern: „Wenn es gar Ihre einzige Tochter – Ihr einziges Kind wäre! – Zwar einzig, oder nicht. Das unglückliche Kind, ist immer das einzige." (59/3–5) Schon nach kurzer Zeit ist es ihr mit für Odoardo zunächst unverständlichen Andeutungen gelungen, Emilias Vater nahezu ‚um seinen Verstand zu bringen'. Verstört gibt er zu: „Ich habe schon keinen [Verstand] mehr, noch ehe Sie mir dieses Wort sagen, wenn Sie es mir nicht bald sagen." (59/18–20)

Orsina beunruhigt Odoardo

Unverständliche Andeutungen

Noch einmal versucht er, Orsinas Fangstricken zu entkommen, indem er Marinellis Hinweis aufnimmt: „Oder es ist nicht wahr, … Sie sind eine gemeine Törin." (59/20–23) Als er aber erfährt, dass sein geliebter Appiani tot ist, bricht sein Widerstand gegen Orsinas „Gift" zusammen: „Sie wollten mich um den Verstand bringen: und Sie brechen mir das Herz." (59/27 f.) Orsina aber hat ihren letzten Trumpf, mit dem sie den Vater vernichten und zum Werkzeug ihrer Rache machen will, noch parat. Rätselhaft deutet sie Odoardo an, dass „die Braut – Ihre Tochter – schlimmer als tot" (59/29 f.) sei, um dann selbst das Rätsel zu lösen: „Sie lebt, sie lebt. Sie wird nun erst recht anfangen zu leben. – Ein Leben voll Wonne! Das schönste, lustigste Schlaraffenleben, – so lang es dauert." (59/33–36) Jetzt rächt sich Claudias Rat, das Treffen zwischen Emilia und dem Prinzen in der Kirche zu verschweigen, denn diese Begegnung wertet Orsina als Beweis für den gemeinsamen Plan von Emilia und dem Prinzen. Keine gewaltsame Entführung war es demnach, „sondern bloß ein kleiner – kleiner Meuchelmord." (60/10 f.)

Odoardo erfährt von Appianis Tod

Orsinas Unterstellung

DER ADEL

Orsina drängt Odoardo den Dolch auf

Orsina lässt Odoardo keine Zeit, seine Gedanken zu ordnen; sie drängt ihm den Dolch auf, den sie „fest entschlossen" (60/35) mitgebracht hat, Rache am Prinzen zu nehmen. Jetzt, da sie glaubt, in Odoardo den Vollstrecker ihrer Rache gefunden zu haben, gibt sie sich Odoardo gegenüber zu erkennen: „Ich bin Orsina; die betrogene, verlassene Orsina" (61/4 f.). Und sie macht aus ihren Rachefantasien keinen Hehl mehr:

Orsinas Rachefantasien

> „Ha! *(wie in der Entzückung)* welch eine himmlische Phantasie! Wann wir einmal alle, – wir, das ganze Heer der Verlassenen, – wir alle in Bacchantinnen, in Furien verwandelt, wenn wir alle ihn unter uns hätten, ihn unter uns zerrissen, zerfleischten, sein Eingeweide durchwühlten, – um das Herz zu finden, das der Verräter einer jeden versprach, und keiner gab! Ha! das sollte ein Tanz werden! das sollte!" (61/7–14)

Odoardo als „Werkzeug" Orsinas

Sie ist sich sicher, dass Odoardo „die erste, die beste" (60/33f.) Gelegenheit ergreifen wird, Rache am Prinzen zu nehmen, zumal Claudia, die hinzukommt, das Treffen zwischen Emilia und dem Prinzen in der Kirche bestätigen muss. Zugleich weiß sie, dass Odoardo durch den Vorfall innerlich so verletzt ist, dass er nicht wahrnimmt, dass er sich zum Werkzeug von Orsinas Rache hat machen lassen. Triumphierend fordert sie Odoardo noch einmal heraus: „Nun, hab ich gelogen?" (62/3)

Orsinas Funktion im Drama

Orsina ist keine „Episodenfigur", die zum Fortgang des Dramas kaum beiträgt, wie gelegentlich unzutreffend behauptet wird. Sie ist vielmehr diejenige, die ihren klaren Verstand, ihre rasche Auffassungsgabe nutzt, um das tragische Ende herbeizuführen. Sie ist in der Lage, die Passivität des bürgerlichen Lagers energisch zur Tatkraft umzuwandeln. Ihre Affekte werden durch ihren Verstand umso gefährlicher, weil Orsina beide Lager, das adlige und das bürgerliche, intuitiv erfasst und durchschaut hat. Erst Odoardos Tugendrigorismus und bürgerlicher Ehrbegriff lassen ihn zur gefährlichen Waffe gegen den Prinzen werden. Das Ende allerdings entspricht nicht Orsinas Voraussicht.

Marchese Marinelli

> - Der Kammerherr Marinelli ist die treibende Kraft des Dramas. Seine Kälte und Boshaftigkeit scheut vor Mord und Entführung nicht zurück.
> - Er ist ein zynischer Technokrat, der mit Durchtriebenheit die Möglichkeiten der höfischen Macht für sich nutzt.
> - Nur die Gräfin Orsina ist ihm gewachsen und durchschaut ihn.

Marchese Marinelli

Kammerherr ist eine vornehme adlige Person am Hofe. Die Kammerherrn … sind teils dazu da, für ihren hohen Herrscher an ihrem Hof für Glanz zu sorgen, teils sind sie zum Dienst bestellt. … Die Aufwartung besteht vornehmlich darin, dass sie ihrem Herrn beständig zur Hand sind, mithin in dessen Vorzimmer sich … finden lassen, oder ihn beim Ausreiten, Ausfahren und auf Reisen begleiten. Sie sind auch beim An- oder Auskleiden gegenwärtig, melden diejenigen, die um eine Audienz ersuchen. Sie nehmen Gesuche entgegen, ordnen bei festlichen Tafeln an und zerlegen auch Speisen bei großen Festen. (Freie Übertragung des Artikels aus Zedlers „Großem vollständigen Universallexikon", Bd. 5, Spalte 435)

Funktion eines Kammerherrn am Hofe

Tatsächlich scheint es beim ersten Auftritt Marinellis, als habe der Kammerherr sich widerspruchslos der Autorität des Prinzen unterzuordnen. Ganz Bediensteter muss er zunächst Bericht über die Vorgänge in der Stadt erstatten. Impulsiv weist der Prinz Marinellis Hinweis, dass Appiani nach seiner Missheirat ‚der Zirkel der ersten Häuser' nicht mehr offen stünde, zurück. In dem Moment jedoch, in dem er erfährt, dass seine angebetete Emilia noch an demselben Tag den Grafen Appiani heiraten werde, liefert er seine verborgenen Gefühle – auch symbolisch – Marinelli aus: Er gibt Marinelli das Bild Emilias „in die Hand" (13/26), das er noch wenige Augenblicke zuvor beim Eintreten seines Kammerherrn eifersüchtig zur Wand gedreht hatte.

Marinelli als Bediensteter

Niedergeschmettert gesteht der Prinz seinem Untertan Marinelli seine Liebe zu Emilia: „ich liebe sie; ich bete sie an" (14/3); voller Selbstmitleid beklagt er seine Einsamkeit, weil ein Fürst „keinen Freund" habe, keinen haben könne, um sich schließlich wie ein Kind „in die Arme" von Marinelli zu werfen. Die anfängliche Distanz ist zur unmittelbarsten körperlichen Nähe geschmolzen.

Marinelli als Vertrauter des Prinzen

DER ADEL

Der Prinz ordnet sich Marinelli unter

Kleinlaut fleht er Marinelli an: „Retten Sie mich, wenn Sie können" (14/37 f.); und aus seiner Verzweiflung heraus gibt sich der Prinz vollständig in Marinellis Hände, indem er ihm zugesteht, er habe ‚freie Hand' in allem, was die Heirat, „diesen Streich abwenden kann" (15/23 f.).

Die Unzuverlässigkeit der Mächtigen

Marinelli durchschaut die Unzuverlässigkeit der Mächtigen: „Heute beehren sie uns mit ihrem Vertrauen, teilen uns ihre geheimsten Wünsche mit, schließen uns ihre ganze Seele auf: und morgen sind wir ihnen wieder so fremd, als hätten sie nie ein Wort mit uns gewechselt." (14/24–27)

Der Prinz als Marinellis Lebensmitte

Dennoch hat er keine andere Lebensmitte als den Prinzen. Ohne ihn, das weiß er, wäre er ein Nichts. Indem er jedoch Pläne entwickelt, durchführt, Intrigen spinnt, auskundschaftet, handelt, ist er unentbehrlich für den Prinzen und Teil der Macht.

Wie unersetzbar Marinelli ist, zeigt sich, als die Gräfin Orsina überraschend im Lustschloss erscheint; völlig kopflos fleht der Prinz, kaum seiner Worte mächtig, Marinelli um Hilfe an: „Orsina? – Marinelli! – Orsina? – Marinelli!" (49/23)

Hintergrundinformationen als Grundlage für Marinellis Taktik

Marinellis Vorteil bei seinen raschen Entschlüssen ergibt sich daraus, dass er vor allen anderen über Informationen verfügt und planen kann, noch bevor die Ereignisse eskalieren. Er weiß, dass Appiani und Emilia in Sabionetta heiraten werden und dass der Weg der Kutsche am Lustschloss des Prinzen vorbeiführt. So kann er den mörderischen Plan vorbereiten, der greifen soll, falls Appiani sich auf eine sofortige Reise als Gesandter nicht einlässt. Marinelli ist über das Gespräch des Prinzen mit Emilia in der Kirche informiert und kann dieses Wissen taktisch klug dazu nutzen, um dem Prinzen, der ihn zuvor der Unfähigkeit gescholten hatte, das eigene Versagen zu demonstrieren. Geschickt lenkt er anschließend die Gedanken des Prinzen auf die Möglichkeit eines Überfalls, um sich sofort, als der Prinz diesen Gedanken noch einmal anspricht, Straferlass bei einem etwaigen ‚Unglücksfall', der sich bei einem Unfall immer ergeben könne, zusichern zu lassen. Der Prinz ahnt nicht, dass gerade dieser ‚Unglücksfall' schon längst – noch bevor Marinelli dem Grafen Appiani den Gesandtenposten angeboten hat – geplant ist.

Auch die erste Szene des vierten Aufzuges belegt Marinellis taktisches Geschick im Gespräch, bei dem er sein

Vorwissen ausnutzt. Die Vorwürfe des Prinzen, der Überfall werde nun sicherlich ihm angelastet, Marinelli habe es also unmöglich gemacht, noch einmal mit Emilia Kontakt aufzunehmen, wolle er sich nicht noch verdächtiger machen, vermag Marinelli dadurch zu entkräften, dass er dem Prinzen beweist, dass sein eigenmächtiges Abweichen vom Plan, sofort das Lustschloss aufzusuchen, ein verheerender Fehler gewesen sei, weil durch dieses Treffen mit Emilia seine Liebe zu ihr deutlich geworden sei und damit ein Tatmotiv bestehe.

Marinelli wehrt die Vorwürfe des Prinzen ab

Der Prinz muss sein völliges Versagen eingestehen und ist von diesem Augenblick an zu keiner eigenen Handlung mehr fähig. Alles, was jetzt geschieht, ist nur noch von Marinelli geplant und vorbereitet, der Prinz vermag nur noch einzelne Einwände und Bedenken zu formulieren, die Handlung beeinflusst er jedoch nicht mehr. Aus dem Handlanger Marinelli ist nun die treibende Kraft geworden. Das letzte Gespräch mit Odoardo wird von Marinelli inszeniert. Während des zweiten Monologs von Odoardo teilt Marinelli dem Prinzen im Nebenraum mit, wie es gelingen werde, Emilia von ihren Eltern zu trennen, sie von der Öffentlichkeit abzuschirmen, gleichzeitig aber dem Prinzen jederzeit ein Treffen zu ermöglichen: durch ein vorgetäuschtes Untersuchungsverfahren nämlich, währenddessen Emilia in Obhut der Grimaldis bleibe. Ein wahrhaft teuflischer Plan, der keinen Widerspruch und keine Flucht zulässt.

Marinelli als treibende Kraft

So kalt und beherrscht Marinelli nach außen hin auftritt, so tief scheinen in seinem Innern Gefühle wie Wut und Hass ihren Platz zu haben. Marinellis Verhalten gegenüber Appiani ist von kaltem Hass geprägt; es scheint, als sei es nicht das erste Mal, dass Appiani Marinelli mit einem Schimpfwort wie „Affe" belegt hat, und man ist geneigt zu glauben, dass Marinelli nicht ernsthaft mit der Übernahme der Gesandtenrolle durch Appiani gerechnet hat, dass er vielmehr gezielt dessen Tod ins Auge gefasst hat. Gerade weil er das Schicksal Appianis schon kennt, ist es ihm ein besonderes Vergnügen zu beobachten, wie Appiani seine höfische Ruhe und seine Beherrschung verliert. Appiani begeht hier, wie später Odoardo, den Fehler, den Kammerherrn zu unterschätzen und zu glauben, Marinelli sei nur eine Marionette des Hofes.

Marinellis Hass auf Appiani

DER ADEL

Marinellis Weltbild

Vermögen und Rang sind die Maßstäbe, nach denen Marinelli Menschen bewertet; Tugend und Gefühl kann er sich nur als Maske, als „Larve", vorstellen. Appianis Liebe zu Emilia bleibt Marinelli unverständlich, weil sie zur Missheirat, zum Verlust der adligen Ehre und zur gesellschaftlichen Ächtung führt.

Aber gerade weil Marinelli nur im engen Rahmen des Hofes lebensfähig ist, nur hier die Regeln kennt und Gefühle völlig verdrängt, ist er völlig unfähig, die Empfindungen und Gedanken derjenigen zutreffend zu beurteilen, die ihr Leben nicht ausschließlich am Hof verbringen.

Marinellis Fehleinschätzungen bürgerlichen Verhaltens

So sagt er Claudias Verhalten völlig falsch voraus: „Wenn ich die Mütter recht kenne: – so etwas von einer Schwiegermutter eines Prinzen zu sein, schmeichelt die meisten." (43/12–14) Auch Odoardos Absichten deutet er nicht zutreffend: „Geben Sie Acht, wenn er nun vor Ihnen erscheinet, wird er ganz untertänigst Eurer Durchlaucht für den gnädigen Schutz danken, … wird sie ruhig nach der Stadt bringen, und es in tiefster Unterwerfung erwarten, welchen weitern Anteil Durchlaucht an seinem unglücklichen, lieben Mädchen zu nehmen geruhen wollen." (63/12–19) Da er keinerlei Zugang zu den Beurteilungsmaßstäben und Verhaltensnormen der bürgerlichen Gegenspieler hat, kommt für ihn die Katastrophe völlig überraschend in dem Augenblick, in dem er seinen Plan erfolgreich vollendet glaubt. Marchese Marinelli, der Kammerherr des Prinzen, findet im Drama nur einen ernst zu nehmenden Gegner, aber auch dieser vermag sich gegen die Durchtriebenheit und Unbeirrbarkeit nicht durchzusetzen. Lediglich die Gräfin Orsina vermittelt kurze Zeit den Eindruck, als könne sie Marinelli bezwingen. Sie allein durchschaut ihn auch in seiner Funktion im Drama:

Marinelli, der Teufel

„Küssen möcht ich den Teufel, der ihn dazu verleitet hat! … Und wenn Sie selbst dieser Teufel wären, Marinelli." (55/32–35)

Er ist einerseits in seiner Durchtriebenheit und Skrupellosigkeit teuflisch und ähnelt Mephisto in Goethes „Faust", auf der anderen Seite aber wird immer wieder deutlich, dass sein teuflisches Wesen nicht ein Prinzip ist, das aus sich heraus selbstständig wirken kann, sondern nur, wenn die Macht es stützt. Ohne den Prinzen wäre Marinelli nichts weiter als ein „nachplauderndes Hofmännchen", wie Orsina zutreffend bemerkt.

Der zynische Technokrat wäre, auf sich selbst gestellt, ohnmächtig. Die Macht des Prinzen und die Anwendung der Macht sind zwei Seiten des absolutistischen Staates. „Zwei Personen charakterisieren mithin zwei Seiten des gleichen Systems in ihrer Kausalität: der Prinz als Verkörperung von dessen Lüsten, Marinelli als Garant dieses fürstlichen Lebensprivilegs, als dessen oberster Prostituierter" (Sanna, S. 32).

Marinelli als Garant des fürstlichen Lebensprivilegs

Der Prinz kann sich zwar am Ende des Dramas von Marinelli als Person befreien, aber nicht freimachen von der Partnerschaft mit ihm, auch wenn er zum Schluss Marinelli verflucht. Jetzt erst erkennt er, dass er sich mit dem ‚Teufel' verbündet hat, aber er erfasst nicht oder will es nicht wahrhaben, dass das Böse ohne seine Zustimmung nicht hätte wirksam werden können.

Das Bürgertum

> Das Bürgertum wird durch bürgerliche Lebensform und bürgerliche Tugenden wie Pflichtbewusstsein, Gehorsam, Frömmigkeit und Fleiß charakterisiert. Die Familie ist die Kernzelle des bürgerlichen Lebens.

Das Bürgertum

Die fehlende Einheit eines bürgerlichen Standes im Deutschen Reich des 18. Jahrhunderts, nicht zuletzt verursacht durch die Unterschiede zwischen den über 300 Fürstentümern, freien Reichsstädten usw., erschwert die genaue Definition des Begriffs ‚Bürgertum'. Eine Vielzahl von Verwendungsmöglichkeiten des Begriffs zeigt dessen Bandbreite: der Bürger als Stadtbewohner, als Mitglied des bürgerlichen Standes, als Staatsuntertan, als Mensch mit einer Privatsphäre, als Gegenpol zum Adel. Weiterhin lässt sich das Bürgertum nach seinen Tätigkeiten ordnen: Beamte der höfischen Verwaltung (z. B. einer der Räte des Prinzen, Camillo Rota), Pastoren, Offiziere (hierzu wäre der Oberst Odoardo Galotti zu zählen), Professoren, Kaufleute, Ärzte, Magister, Bankiers usw.

Die historische Situation des Bürgertums im 18. Jahrhundert

Am deutlichsten aber berechtigt eine bürgerliche Lebensform und Denkhaltung dazu, ein „bürgerliches Menschenbild" zu konstruieren. Es sind die bürgerlichen Tu-

Die bürgerlichen Tugenden

genden wie Gehorsam, Frömmigkeit, Ehrlichkeit, Fleiß, Zuverlässigkeit, Ruhe, Aufrichtigkeit, die sich mit ökonomischen Tugenden wie Sparsamkeit, Gewissenhaftigkeit und Pflichtbewusstsein verknüpfen. Vernunftdenken und vernünftiges Handeln sind Leitideen des Bürgertums, sie beeinflussen jedoch stärker die private Sphäre als die politisch-öffentliche. Das sozial abhängige Bürgertum schafft sich eine Art ‚moralischen Adel', der von den tatsächlichen Machtverhältnissen ablenkt.

Die Intimität der Familie

Die Intimität der Familie eröffnet die private Unabhängigkeit von den gesellschaftlichen Normen, die es einzuhalten gilt. In der privaten Sphäre können sich die Ideen von Liebe, Freiheit, Menschlichkeit entwickeln.

> „So bricht der Mensch entzwei, er wird aufgeteilt in eine private und eine öffentliche Hälfte; Handlungen und Taten unterliegen restlos dem Staatsgesetz, die Gesinnung ist frei. Fortan wird es dem Individuum möglich sein, in die Gesinnung zu emigrieren, ohne dafür verantwortlich zu sein." (Kosellek, S. 29)

Die Autorität des Vaters

Gleichzeitig allerdings fördert diese Privatautonomie auch die Autorität des Familienvaters, von dem das Wohl der gesamten Familie abhängt. Der Anspruch auf freie Entfaltung innerhalb des privaten Raumes, der auf der einen Seite erhoben wird, wird auf der anderen Seite nicht eingehalten, da das Familienoberhaupt – wie am Beispiel Odoardos noch zu zeigen ist – für sich die uneingeschränkte Kontrolle beansprucht.

Die Familie Galotti

Der städtische Adel betrachtete das Bestreben des Bürgertums, eine private Sphäre zu entwickeln, zumeist mit Verächtlichkeit. Privatheit und Familie, die im 18. Jahrhundert fast synonym verwendet werden, waren keine Ideen, zu denen der Adel sich hingezogen fühlte. Häufig lebten die adligen Ehepartner nicht in demselben Haus; eine Mätresse zu haben, war für den Mann durchaus Normalität.

So ist auch die bevorstehende Heirat des Prinzen keine Liebesheirat, sondern eine politische Handlung, dementsprechend kann Marinelli feststellen, dass „neben so einer Gemahlin ... die Geliebte noch immer ihren Platz" (11/23f.) sieht.

In deutlichem Gegensatz dazu steht das Familienleben der Galottis. Eine auf den ersten Blick vollständige Familie tritt uns entgegen. Dass sie räumlich getrennt lebt, wird damit begründet, dass Emilia nur in der Stadt – in der Nähe des Hofes – „eine anständige Erziehung" erhalte. Während Odoardo aus moralischem Protest hasserfüllt gegen die Lasterhaftigkeit, Verlogenheit und Oberflächlichkeit der Stadt wettert, wo es gilt, sich zu „bücken, schmeicheln und [zu] kriechen" (22/10f.), und das Land bevorzugt, ist seine Frau der Stadt und dem höfischen Leben durchaus zugewandt und findet ihr gewichtigstes Argument für das Stadtleben darin, dass nur hier „die Liebe zusammenbringen [konnte], was füreinander geschaffen war. Hier nur konnte der Graf Emilien finden" (22/1–3). Im Gegensatz zur politisch begründeten bevorstehenden Heirat des Prinzen ist Emilias Heirat eine Liebesheirat. Appiani ist sogar bereit, auf den „Zirkel der ersten Häuser" (12/36) zu verzichten.

Odoardos Ablehnung des städtischen Lebens

Odoardo Galotti

> **Odoardo Galotti**
> - Odoardo Galottis Denken und Handeln ist geprägt von seiner Verachtung der städtischen, vom Adel geprägten Kultur und Lebensweise. Er hat sich auf sein Landgut zurückgezogen und überlässt seiner Frau die Erziehung Emilias.
> - Dennoch beunruhigt ihn diese Situation, und er ist froh, dass auch Appiani das höfische Leben ablehnt und sich nach der Heirat mit Emilia in die Berge zurückziehen will.
> - Im entscheidenden Augenblick überschätzt Odoardo seine Möglichkeiten, sich Recht zu verschaffen und sich der Macht des Prinzen zu widersetzen. In einem Verzweiflungsakt tötet er seine Tochter.

Trotz unterschiedlicher Einstellung zur Stadt, die zu einer Trennung der Lebenssphären geführt hat, scheint der erste Auftritt des Ehepaares geprägt zu sein von gegenseitiger Achtung und Liebe. Besorgt erkundigt sich Claudia, die Odoardo entgegeneilt, ob der überraschende Besuch Odoardos wirklich nur eine „Überraschung" sein sollte, beruhigend erklärt Odoardo, dass das „Glück des heutigen Tages [ihn] so früh" (18/17f.) geweckt habe.

DAS BÜRGERTUM

Odoardos unerklärliche Unruhe

Tatsächlich aber hat Claudia das richtige Gespür, dass Odoardos beruhigende Aussage „Nichts weiter! Sei unbesorgt" (18/17) etwas verbirgt und dass der Kurzbesuch an diesem Morgen nicht um der Überraschung willen geschieht. Odoardo behauptet zunächst, der Umsicht der beiden Frauen zu misstrauen, „wie leicht vergessen sie etwas: fiel mir ein" (18/19f.), und in ironischer Abwandlung des Zitates „veni, vidi, vici" erklärt er gewollt forsch, „ich komme, und sehe, und kehre sogleich wieder zurück." (18/20f.)

Es wird zunächst nicht klar, was oder wen Odoardo sehen will, erkennbar wird nur seine Hektik. Es scheint, als habe ihn eine innere Unruhe früh geweckt und an diesem schönen Morgen in die Stadt getrieben – tritt nicht auch Appiani ein wenig später sorgenvoll auf, ist nicht auch der Prinz „zu früh" aufgewacht: „Der Morgen ist so schön." (4/18) Fast wörtlich übernimmt Odoardo diesen Satz, verwendet allerdings das Präteritum und stellt damit etwas Vergangenes fest. Ähnlich wie bei dem Prinzen scheint dieser „schöne" Tag eher Unheil versprechend.

Odoardo erkundigt sich gespielt beiläufig: „Wo ist Emilia?" und beantwortet die besorgte Frage selbst mit einer scheinbar einleuchtenden Aussage: „Unstreitig beschäftigt mit dem Putze? –" (18/22) Als müsse sie Emilia entschuldigen, fällt Claudia ihrem Mann fast ins Wort, um darauf hinzuweisen, dass Emilia in der Kirche sei.

Die innere Unruhe Odoardos, die er sich und Claudia nicht eingestehen kann und will, denn sie würde eine Schwäche des Familienvaters zeigen, äußert sich in dem übergroßen Misstrauen des Vaters, der missbilligt, dass Emilia allein die wenigen Schritt zur Kirche gegangen ist, denn „Einer ist genug zu einem Fehltritt!" (18/28)

Odoardos Misstrauen

Nun würde man annehmen, dass der Familienvater, der sich hier zum patriarchalischen Tugendwächter aufwirft, so lange wartet, bis sein Misstrauen sich bestätigt oder als falsch erweist, bis also Emilia wieder zurückgekehrt ist, doch will er sich schon kurze Zeit später – nachdem er sich zunächst recht unwillig von Claudia hat in das Haus bitten lassen – wieder entfernen, denn: „Sie bleibt mir zu lang aus –" (21/17).

Odoardo ist eben nicht der fürsorgliche, umsichtige, liebevolle, gesprächsbereite und offene Familienvater, er ist vielmehr geprägt von radikaler Tugendhaftigkeit gepaart mit vorurteilsbeladenem Misstrauen. Sein lauernder Argwohn verstellt ihm den Blick für die Wirklichkeit, zugleich aber ist er unfähig, sein Misstrauen in Handeln umzusetzen. Sollte sein Misstrauen nämlich berechtigt sein – und der Verlauf des Dramas spricht dafür, dass eine realistische Einschätzung der Gefahren diese hätte abwenden können –, wäre es nötig gewesen zu bleiben: dann hätte er die entsetzt zurückkehrende Emilia erlebt; dann hätte er von den Annäherungsversuchen des Prinzen erfahren; dann hätte er sich Gedanken über den Zusammenhang des Vorfalls in der Kirche und des Antrags von Marinelli an Appiani machen können. So aber täuscht er Eile vor und erfindet, denn von diesem Vorhaben war zuvor nicht die Rede, als Grund für seinen raschen Abgang, dass er noch „bei dem Grafen ... einsprechen" müsse, denn kaum könne er es „erwarten, diesen würdigen jungen Mann meinen Sohn zu nennen." (21/20–22) Kein Wort mehr von der Gefahr, in der er zuvor seine Tochter Emilia vermutete. Im entscheidenden Moment lässt der Familienvater seine Familie allein.

Odoardos inkonsequentes Verhalten

Odoardos überspannter Argwohn, von dem Claudia als ‚rauer Tugend' spricht und sagt: „Alles scheint ihr verdächtig, alles strafbar! – Oder, wenn das die Menschen kennen heißt: – wer sollte sich wünschen, sie zu kennen?" (23/14–16), ist eben gerade keine Menschenkenntnis, sondern vorurteilsbeladenes Misstrauen gegenüber allem und jedem. Odoardos fehlende Menschenkenntnis führt zur Katastrophe: Er schätzt den Prinzen völlig falsch ein, er erkennt nicht die wirkliche Triebkraft Orsinas, er hat ein falsches Bild von seiner Tochter, denn nur so kann Orsinas ‚Gift' wirken.

Odoardos fehlende Menschenkenntnis

Claudia hat sich auf Odoardos Denkweise eingestellt und weicht Konflikten aus, denn dort, wo sie unüberlegt von Emilias Begegnung mit dem Prinzen erzählt, erfährt sie sofort wieder, dass Odoardo egozentrisch die Begegnung auf sich bezieht, als wolle der Prinz ihn persönlich treffen: „Ha! wenn ich mir einbilde – Das gerade wäre der Ort, wo ich am tödlichsten zu verwunden bin!" (23/2–4)

Die „Ruhe", zu der er sich im letzten Akt immer wieder zu zwingen sucht, hätte dazu verhelfen können, die Übersicht zu behalten. Aber Odoardo vermag es nicht,

Odoardos Versuch, Ruhe zu bewahren

DAS BÜRGERTUM

seine Ideale der Festigkeit, der Verlässlichkeit und der Beherrschung zu verwirklichen. Er führt zwar die Ideale im Munde, mahnt sich zur Ruhe, doch je mehr er sich dazu auffordert, desto ruheloser werden seine Gedanken: „Aber, sieh da! Schon wieder, schon wieder rennet der Zorn mit dem Verstande davon." (66/9 f.) Zwar erkennt er, dass die Ruhelosigkeit ihn daran hindert, die Pläne seiner Gegenspieler zu durchschauen, wenn er sich selbst kritisiert: „Hätte ich seinen Vorwand, warum sie wieder nach Guastalla soll, doch nur angehört! – So könnte ich mich itzt auf eine Antwort gefasst machen." (66/13–15), doch im gleichen Atemzug glaubt er wieder Herr der Situation zu sein: „Zwar auf welchen kann mir eine [Antwort] fehlen?" (66/15 f.)

In der schwierigen Situation hätte der Offizier Odoardo Mut, Tatkraft und Selbstvertrauen benötigt, keine dieser Eigenschaften findet man bei ihm, obgleich er sie sich selbst uneingeschränkt zuschreibt und zu beweisen sucht: Nachdem er von dem Anschlag und der Entführung erfahren hat, blickt er theatralisch „wild um sich, und stampft, und schäumet" (60/14), schlägt dann pathetisch vor den Augen der Gräfin Orsina seinen Rock auseinander und sucht – vergeblich, aber scheinbar verlegen – nach einer Waffe, versucht dann mit Sarkasmus die Peinlichkeit zu überspielen, als Offizier völlig unbewaffnet gekommen zu sein: „Wunder, dass ich aus Eilfertigkeit nicht auch die Hände zurückgelassen!" und „an alle Schubsäcke fühlend, als etwas suchend." (60/20–22)

Odoardos theatralisches Auftreten vor Orsina

Großspurig schickt Odoardo seine Frau mit der Gräfin in die Stadt zurück und erwidert Claudias unsicher vorgebrachten Einwand, „Ich trenne mich ungern vom dem Kinde" (62/33 f.), mit dem überheblichen Hinweis auf seine väterliche Machtposition: „Bleibt der Vater nicht in der Nähe? Man wird ihn endlich doch vorlassen. Keine Einwendung! –" (62/35 f.) Dabei war es doch nur Claudia in ihrer Verzweiflung gelungen, bis in die Privatgemächer des Prinzen vorzudringen und den Prinzen sozusagen aus dem Zimmer zu treiben.

Odoardos Selbstüberschätzung

Beim Abschied verspricht Odoardo der Gräfin verschwörerisch und geheimnisvoll, dass sie noch von ihm hören werde (62/37), aber schon im folgenden Monolog legt er die Rache am Tod Appianis in Gottes Hand und lässt die

Strafe für den Prinzen in eine makabre perverse Rachefantasie einmünden: „In jedem Traume führe der blutige Bräutigam ihm die Braut vor das Bette; und wann er dennoch den wollüstigen Arm nach ihr ausstreckt: so höre er plötzlich das Hohngelächter der Hölle, und erwache!" (64/23–26) Damit hat er Orsinas Rachefantasie übernommen, nicht aber ihren aktiven Racheplan.

Odoardos Rachegedanken

Auch noch nach dem Tod seiner Tochter vermag Odoardo sich nicht aus seiner illusionären Vorstellungswelt zu lösen, wenn er die Schuld am Tod dem Prinzen zuweist und ihn fragt: „Gefällt sie Ihnen noch? Reizt sie noch Ihre Lüste? Noch, in diesem Blute, das wider Sie um Rache schreiet?" (74/25–27) Seinen krankhaften, sexuell besetzten Traum hat Odoardo nun selbst in die Tat umgesetzt.

Odoardos Scheitern zeigt sich an seiner Unfähigkeit, die Wirklichkeit illusionslos und vernünftig einzuschätzen. In dem ersten Monolog mit dem Prinzen umkreisen seine Gedanken die Triebhaftigkeit und Wolllust des Prinzen und münden schließlich in Rachegedanken ein. Die Rache, die er sich für den Prinzen ausdenkt, entbehrt jedoch jeglicher Grundlage, denn sie setzt voraus, dass der Prinz denselben moralischen Kategorien folgt wie Odoardo: „Genug für mich, wenn dein Mörder die Frucht seines Verbrechens nicht genießt. – Dies martere ihn mehr, als das Verbrechen! Wenn nun bald ihn Sättigung und Ekel von Lüsten zu Lüsten treiben, so vergälle die Erinnerung, diese eine Lust nicht gebüßet zu haben, ihm den Genuss aller!" (64/19–23)

Odoardos Unfähigkeit, die Wirklichkeit realistisch einzuschätzen

Das Gespräch mit Marinelli zeigt uns Odoardo, der, aus seinen Fantasien herausgerissen, der Wirklichkeit standzuhalten hat und dabei kläglich versagt. Schon in seinem zweiten Satz entschuldigt er sich bei Marinelli wie ein Untertan dafür, dass er nicht sogleich erschienen sei, habe er doch zunächst die Gräfin, diese „gute Dame", begleiten müssen. Im nächsten Satz formuliert er unterwürfig die Bitte, mit seiner Tochter so lange im Schloss bleiben zu dürfen, bis sein Wagen gekommen sei.

Erst Marinellis Fragen, warum Emilia denn nicht nach Guastalla gebracht werden solle, reizen Odoardos Widerstandskraft, dabei zeigt sich allerdings, dass er unfä-

Marinelli reizt Odoardos Widerstandskraft

DAS BÜRGERTUM

Odoardos hilflose Reaktionen

hig ist, Argumente vorzutragen: dreimal wiederholt er, dass Emilia mit ihm ‚solle'. Trotzig klingt diese wiederholte Forderung, doch der Widerstand bricht sofort zusammen, als Marinelli fordert: „Werden Sie wohl erlauben müssen, Herr Oberster, dass sie nach Guastalla gebracht wird." (65/26 f.) In drei nacheinander gestellten Fragen, die Marinellis Mitteilung eigentlich nur wiederholen, kleidet sich Odoardos Hilflosigkeit: „Meine Tochter? nach Guastalla gebracht wird? und warum?" (65/28 f.)

Marinellis Hinweis, er möge doch einmal selbst „erwägen", warum dies notwendig sei, lässt Odoardo in einen sprachlichen Rundlauf münden, der seine völlige Verwirrung demonstriert: „Erwägen! erwägen! Ich erwäge, dass hier nichts zu erwägen ist." (65/31 f.) „In Unkenntnis des neuen Komplotts spielt er sich vor Marinelli fahrlässig, geradezu dummdreist auf mit seiner Rechthaberei, daß der Prinz ihn ruhig ziehen lassen werde." (Bauer, S. 51)

In dem folgenden Monolog wird Odoardo einsehen, dass er in diesem Moment versäumt hat, den „Vorwand, warum sie wieder nach Guastalla soll, doch nur angehört!" (66/13 f.) zu haben. Daher ist es ihm nun auch nicht möglich, eine Strategie für die kommende Auseinandersetzung zu entwerfen.

Der anschließende Dialog belegt eindrucksvoll auf der einen Seite Odoardos anerzogenen Respekt vor der Obrigkeit, auf der anderen Seite die Dominanz der Macht.

Odoardos Respekt vor der Macht

„Trotz seines Alters, trotz seiner berechtigten, mühsam zurückgehaltenen Empörung verhält sich Odoardo wie ein Schuljunge gegenüber den aufeinander eingespielten Schurken." (Bauer, S. 49 f.)

Schon die schmeichelnde, scheinbar freundliche Begrüßung durch den Prinzen verdeutlicht sofort die wahren Machtverhältnisse, der Prinz kann aus seiner überlegenen Position heraus Odoardo loben, „lieber, rechtschaffner Galotti" (66/20), zudem kann er sofort klarstellen, wo das Gespräch stattfindet: „bei mir", also auf dem Lustschloss, in dessen Nebenräumen Emilia verzweifelt wartet. Zynisch unterstellt der Prinz schließlich, dass Odoardo erst dann bei ihm erscheine, wenn ein Mord passiert sei: „Um ein Geringeres tun Sie es nicht." (66/21 f.)

Odoardo glaubt dem Prinzen durch seine Antwort, die auf das gesellschaftliche Sprachspiel – die höfische Anrede eingeschlossen – eingeht, signalisieren zu können, dass er ihn durchschaut hat. „Gnädiger Herr, ich halte es in allen Fällen für unanständig, sich zu seinem Fürsten zu drängen. ... Selbst itzt bitte ich um Verzeihung –" (66/23–26), gleichzeitig zeigt er aber mit seiner Entschuldigung, dass er die gesellschaftliche Distanz anerkennt. In einem zweiten umständlichen, geschraubten Satz imitiert Odoardo noch einmal den höfischen Stil: „Erlauben Sie, Prinz, dass ich meinem unglücklichen Kinde alle die mannichfaltigen Kränkungen erspare, die Freund und Feind, Mitleid und Schadenfreude in Guastalla für sie bereit halten." (67/4–7) Doch schon im folgenden Satz weisen die Ellipsen auf Odoardos innere Erregung hin, er vermag nur noch mit Blick auf die Zukunft von Emilia zu stammeln: „Entfernung aus der Welt; – ein Kloster, – sobald als möglich." (67/14 f.). Erst als der Prinz scheinbar auf Odoardos Wunsch eingeht, „Bringen Sie Ihre Tochter, Galotti, wohin Sie wollen" (67/21 f.), glaubt Odoardo gesiegt zu haben. Das uneingeschränkte Zugeständnis des Prinzen legt ein glückliches Ende nahe; Odoardo glaubt sich in seiner Einschätzung des Machthabers bestätigt. Der Prinz scheint sich besonnen und seine Verpflichtung gegenüber Odoardo und Emilia erkannt zu haben.

Ein fatales Missverständnis, denn nun folgt eine durchtriebene Hofintrige, zu der Odoardo – in einem Augenblick der Überheblichkeit – auch noch das Stichwort liefert. Triumphierend wendet er sich mit der rhetorischen Frage an Marinelli: „Nun, mein Herr?" (67/23) Die scheinbar neugierige Frage des Prinzen „Was haben Sie beide?" (67/26) beantwortet Odoardo mit dem Vokabular Marinellis: „Wir erwägen bloß, welcher von uns sich in Ihnen geirret hat." (67/27 f.) Odoardo glaubt also allen Ernstes, den Prinzen besser zu kennen als Marinelli.

In dem folgenden Dialog gelingt es Marinelli, Odoardo, der zunächst noch glaubt, höhnisch reagieren zu können, so in die Enge zu treiben, dass er schließlich nur noch einzelne Wörter hilflos fragend wiederholt, aber keinen eigenen Gedanken mehr sprachlich zu entwickeln vermag. Erst als Marinelli ankündigt, dass man Emilia von ihrer Familie trennen müsse, dass sie in

Odoardos Gespräch mit dem Prinzen

Odoardos scheinbarer Sieg

Odoardo geht in die Falle

Marinellis Ankündigung der gerichtlichen Untersuchung

„eine besondere Verwahrung" (69/18f.) gebracht werden solle, da die „Form des Verhörs ... diese Vorsichtigkeit schlechterdings" (69/15f.) erfordere, „fährt (Odoardo) schnell nach dem Schubsacke, in welchem er den Dolch hat." (69/23f.) Aber schon ein einziger wohlmeinender Satz des Prinzen, der „schmeichelhaft auf ihn" (69/25) zutritt, bringt Odoardo von seinem Vorhaben ab.

Das Haus der Grimaldis als Bedrohung Emilias

Nun allerdings begeht der Prinz einen folgenschweren Fehler, weil er nicht weiß, dass mit der Erwähnung der Grimaldis Odoardos letzte Reserven mobilisiert werden. Er glaubt, die Eskalation verhindert zu haben, indem er ankündigt, Emilia „einer der würdigsten Damen [zu] übergeben" (70/1f.), der Gemahlin seines Kanzlers Grimaldi; er kann nicht ahnen, dass Odoardo die Familie Grimaldi als Inkarnation der Freizügigkeit und ihr Haus als Ort der Sünde einschätzt und dass Odoardo den Hinweis, dass der Prinz Emilia selbst dorthin zu bringen gedenkt, für den gefährlichsten Angriff auf die Tugend seiner Tochter hält.

Das Machtwort des Prinzen

Wie verzweifelt die Lage für seine Tochter ist, muss Odoardo erkennen, als der Prinz verständnislos fragt: „Lieber Galotti, was kann ich mehr tun?" (70/14f.) und das Gespräch unvermittelt beendet: „Lassen Sie es dabei, ich bitte Sie. – Ja, ja, in das Haus meines Kanzlers! da soll sie hin; da bring ich sie selbst hin. ... Dabei bleibt es! dabei bleibt es!" (70/15–19) Der Herrscher ordnet an, der Untertan hat widerspruchslos zu gehorchen, die Macht zeigt ihr wahres Gesicht.

Odoardos Bitte um ein Treffen mit Emilia

Zu spät erkennt Odoardo, dass er verloren hat. Um wenigstens die Möglichkeit zu erhalten, seine Tochter noch einmal zu sehen, gesteht er willenlos: „Ich lasse mir ja alles gefallen, ich finde ja alles ganz vortrefflich." (70/25f.) Gedemütigt unterwirft er sich und bringt dies in der wiederholten Anrede „gnädiger Herr" zum Ausdruck.

Odoardos „grässlicher" Gedanke

Odoardos dritter Monolog in diesem letzten Akt belegt seine völlige Apathie. Marinellis Bemerkung, dass der Mörder Appianis ein „begünstigter Nebenbuhler" (68/18) gewesen sein könnte, und die Anspielungen Orsinas machen ihn so entschlusslos, dass er sich – einmal mehr – davonstehlen will und die Verantwortung für Emilia dem überlassen will, der „sie unschuldig in diesen Abgrund gestürzt hat" (71/16). Nur kurz blitzt ein

‚grässlicher' Gedanke durch seinen Kopf, als er sich fragt, was er für Emilia denn eigentlich tun wolle. Der Mord an Emilia kündigt sich unheilvoll an, er kommt also keineswegs völlig überraschend.

Alle Möglichkeiten hat Odoardo überdacht: Emilia mitzunehmen, sie in ein Kloster zu bringen, den Prinzen niederzustechen, Emilia zu töten, sie schließlich im Stich zu lassen. Bevor er jedoch diesen letzten Gedanken verwirklichen kann, erscheint Emilia und verhindert, dass Odoardo vor der Verantwortung flüchtet.

Zum ersten Mal stehen Vater und Tochter sich auf der Bühne gegenüber, und den Vater überrascht zunächst Emilias Ruhe, wobei in den folgenden Sätzen deutlich wird, dass Emilias Ruhe – anders als Odoardos – keine Resignation ist. Emilia hat erkannt, dass „alles verloren ist" (71/30), und sie setzt ihre Hoffnung in die Flucht mit dem Vater. Aber der Oberst Odoardo, der von Marinelli als alter Haudegen („der alte Neidhart" [63/32]) bezeichnet wird, ist wie gelähmt, er schließt die Möglichkeit zur Flucht aus; schlimmer noch, er kündigt an, dass Emilia ohne ihre Eltern „in den Händen ... [ihres] Räubers" (72/13) bleiben müsse.

Odoardo bewundert Emilias Ruhe

Emilia aber revoltiert, sie will nicht „die Hände in den Schoß legen" (72/22 f.) wie ihr Vater, sie will sich nicht zwingen lassen, sie will ihren eigenen Willen umsetzen. Ihr Widerstand reißt Odoardo dazu hin, ihr den Dolch zu zeigen und zu erklären, er sei kurz davor gewesen, den Prinzen oder Marinelli umzubringen.

Emilias Entschlossenheit, dem Zwang zu widerstehen

Mit einer ungeheuren Entschlossenheit zwingt Emilia in diesem Augenblick ihren Vater förmlich, ihr den Dolch auszuhändigen und schließlich ihren Todeswunsch zu akzeptieren. Emilia provoziert ihren Vater, indem sie ihm zunächst die Vaterrolle abspricht: „Ehedem wohl gab es einen Vater, der seine Tochter von der Schande zu retten, ihr den ersten den besten Stahl in das Herz senkte ... Solcher Väter gibt es keinen mehr!" (73/37–74/4) Indem sie ihren Vater überredet, ihren Todeswunsch zu erfüllen, gelingt es Emilia erstmals, sich jeglicher Fremdkontrolle durch den Prinzen, Marinelli und den Vater zu entziehen.

Emilias Provokation

Emilias Todeswunsch

Claudia Galotti

Claudia Galotti

- Claudia Galotti ist der Gegenpol zu Odoardo. Sie sieht die Stadt und das höfische Leben durchaus positiv und glaubt hier die besten Voraussetzungen für die Zukunft ihrer Tochter gefunden zu haben.
- Darin sieht sie sich durch Emilias anstehende Hochzeit mit dem Grafen Appiani bestätigt. Sie selbst genießt das freiere Leben der Stadt und kann die Sorgen ihres Mannes nicht nachvollziehen.
- So begeht sie den Fehler, Emilia zu raten, die morgendliche Begegnung mit dem Prinzen gegenüber ihrem Verlobten und ihrem Vater zu verschweigen.
- Zwar scheint Claudia naiver zu sein als ihr Mann, doch sie setzt sich gegenüber Marinelli vehement durch und dringt zu ihrer Tochter vor.

„Emilia Galotti" ist das einzige Drama Lessings, in dem eine komplette Familie auftritt, und Claudia ist die einzige Mutterfigur in Lessings Dramen. Schon aus diesem Grund ist es aufschlussreich, sich mit dieser Dramenfigur – sozusagen als Kontrast oder Ergänzung zu Odoardo – zu beschäftigen.

Claudias positive Einstellung zur Stadt

Claudia gibt im Haus den Ton an, sie hat durchgesetzt, dass Emilia in der Stadt und nicht – wie es der Wunsch Odoardos gewesen wäre – auf dem Lande aufwächst. Positiv steht sie den Möglichkeiten der Stadt gegenüber, sieht ausschließlich die Vorzüge städtischen Lebens. Dass allerdings Odoardos Befürchtungen gegenüber der Stadt durchaus berechtigt sind, belegt unter anderem, dass Claudia nicht verhindern kann, dass in ihrem Haus unter Beihilfe ihres eigenen Dieners Verrat geübt und ein mörderischer Plan ausgeheckt werden.

Claudias Einfluss auf Emilia

Claudia als zentrale Bezugsperson für Emilia übt einen beherrschenden Einfluss auf ihre Tochter aus. Emilia unterwirft sich dabei ohne Widerspruch dem Rat und dem Willen der Mutter, sie ist sofort bereit, kritiklos die Perspektive der Mutter zu übernehmen.

Claudias Bericht vom Zusammentreffen des Prinzen mit Emilia

Claudia, die anfangs mit mütterlichem Stolz glaubt, dass sie ihr hoch gestecktes Ziel erreicht hat, Emilia eine „anständige Erziehung" (21/30 f.) gegeben zu haben, berichtet Odoardo mit mütterlichem Stolz von Emilias erstem Treffen mit dem Prinzen. Obgleich es wohl sonst nicht ihre Art ist, Odoardo alles mitzuteilen, scheint ihr dieses Treffen so harmlos, dass sie Odoardos ablehnende Reaktionen nicht zur Kenntnis nimmt. Der Prinz habe sich mit Emilia lange unterhalten, ihre Schlagfertigkeit (‚ihren Witz'), ihre Munterkeit und schließlich ihre Schönheit besonders hervorgehoben. Emilia scheint damit ein Erziehungsziel Claudias erreicht zu haben, sie kann sich auf höfischem Parkett bewegen.

> „Mehr noch als bei Männern sieht Garve [Zeitgenosse Lessings] bei den Frauen den großen Unterschied zwischen Adel und Bürgerstand wirken. Während im Adel Jungen und Mädchen in der Regel für den gleichen Zweck gebildet werden, nämlich eine Rolle in der Gesellschaft zu spielen, werden im Bürgerstand die Jungen für Beruf und Geschäfte erzogen, die Mädchen hingegen für Häuslichkeit. Sie bleiben folglich in ihrem Umgang auf den allerengsten Kreis beschränkt und müssen die Züge des bürgerlichen Airs in größerem Maß annehmen als selbst die bürgerlichen Männer." (Schmitt-Sasse, S. 88)

Erziehung im 18. Jahrhundert

Unter dieser Perspektive wird deutlich, was Claudia offensichtlich unter „anständiger Erziehung" versteht, die nur in der Stadt möglich sei, denn eine auf Häuslichkeit ausgerichtete Erziehung wäre mit Sicherheit auf dem Lande ebenso möglich gewesen: Claudia glaubt offensichtlich, Emilia im Hinblick auf eine Rolle in der Gesellschaft hinreichend erzogen zu haben.

Emilias Erziehung

Sie begleitet Emilia zu der Abendveranstaltung bei den Grimaldis, sie gibt offensichtlich bei dem Hofmaler Conti ein Porträt Emilias in Auftrag. Umso mehr muss sie bedauern, dass der zukünftige Ehemann, der genau zu diesem Erziehungsziel gepasst hätte, seine Rolle in der städtischen Hofgesellschaft nicht wahrnehmen will, sondern plant, sich auf sein Landgut zurückzuziehen.

Wie wenig aber Claudias Einschätzung, Emilia sei für das höfische Parkett erzogen, stimmt, wird deutlich, als Emilia entsetzt in die Arme ihrer Mutter flüchtet, nachdem der Prinz ihr in der Kirche nachgestellt hat. Jetzt wird erkennbar, dass Munterkeit und ‚Witz' nicht mehr ausreichen, wenn es zur ernsthaften Konfrontation mit den Herrschenden kommt. Hier zeigt sich, dass Claudia zwar sofort erfasst, dass Emilia wohl doch nicht die Umgangs- und Verhaltensformen der höheren Stände gewohnt ist, dass aber auch Claudia die intriganten Regeln

Emilia beherrscht die Sprache des Hofes nicht

DAS BÜRGERTUM

des Hofes nicht beherrscht, wenn sie Emilia beruhigen will, indem sie den Vorfall herunterspielt: „Der Prinz ist galant. Du bist die unbedeutende Sprache der Galanterie zu wenig gewohnt. Eine Höflichkeit wird in ihr zur Empfindung; eine Schmeichelei zur Beteuerung; ein Einfall zum Wunsche; ein Wunsch zum Vorsatze. Nichts klingt in dieser Sprache wie alles: und alles ist in ihr so viel als nichts." (26/37–27/3)

Claudias verhängnisvoller Rat

Zwar registriert Claudia instinktiv die Eskalation von der höflichen ‚Schmeichelei' zum ‚Vorsatz', doch erkennt sie nicht die fatalen Folgen, die ein solcher Vorsatz des Prinzen, bei dem es um ‚alles' geht, bei den gegebenen Machtverhältnissen nach sich ziehen könnte. Aus Furcht, Odoardos ständigem Argwohn Nahrung zu geben, rät sie Emilia, dieses Treffen gegenüber ihrem Vater, aber auch gegenüber Appiani zu verschweigen. Ein – für Appiani und Emilia – tödlicher Fehler, der jedoch bei Odoardos Verhalten nur zu verständlich ist. Gerade weil Claudia Odoardos misanthropisches Weltbild, das undifferenziert alles Höfische ablehnt, missbilligt, entwickelt sie eine positive Meinung von der adligen Gesellschaft. Ihr Bild vom Adel ist beeinflusst von Appianis Eigenschaften, zugleich scheint sie die Welt der höfischen Bälle durchaus zu genießen. Ihre Lebensanschauung ist geprägt von Lebensfreude und steht somit im deutlichen Gegensatz zu der Odoardos. Umso tragischer ist es, dass Claudia mit ihrer Einstellung letztlich ebenso scheitert wie Odoardo.

Fehldeutung des Charakters von Claudia

Als habe Odoardo ihnen die Feder geführt, charakterisieren einige Interpreten Claudia als eine „schwache, eitle, törichte Mutter, die … das bürgerliche Strebertum darstellt und so vom aristokratischen Glanz geblendet ist, dass sie es für eine Ehre hält, wenn ein Prinz ihre Tochter entehrt" (Steinhauer, S. 49f.).

Ähnlich glaubt auch Marinelli, Claudia sei durch den Anblick des Prinzen „zahm" geworden, denn „das weiß ich ja wohl, dass keine Mutter einem Prinzen die Augen auskratzt, weil er ihre Tochter schön findet!" (46/13–15)

Claudia durchschaut die mörderische Intrige

Erst der Prinz muss ihn aufklären, dass er „ein schlechter Beobachter" (46/16) sei. Dabei hätte Marinelli es besser wissen müssen, denn Claudia erfasst sehr schnell die mörderische Intrige, entlarvt Marinelli und sagt ihm ohne Umschweife den Mord auf den Kopf zu: „Ha, Mörder! feiger, elender Mörder! Nicht tapfer genug, mit eigner Hand zu morden: aber nichtswürdig genug, zu Befriedigung eines fremden Kitzels zu morden! – morden zu lassen! – Abschaum aller Mörder!" (45/24–27) Claudia ist auch die Einzige, der es gelingt, wie eine „Löwin" (45/34) alle Hindernisse zu überwinden, zu ihrer Tochter in die Privatgemächer des Prinzen vorzudringen und diesen daraus zu vertreiben.

Wie wäre der 5. Akt ausgegangen, wenn statt Odoardo die zu allem entschlossene Claudia, die sich nur dem Diktat ihres Ehemannes beugt, geblieben wäre und das Gespräch mit dem Prinzen geführt hätte?

> „Man darf wohl annehmen, dass Claudia ihre Tochter – gleichwohl hoffnungslos unterlegen – bis aufs Messer verteidigt hätte, anstatt es gegen sie zu richten, und es ist äußerst verlockend, einmal darüber nachzudenken, ob Emilia auch ihre Mutter dazu würde bewegt haben können, ihr zum Freitod zu verhelfen." (Dreßler, S. 282)

Emilia Galotti

> **Emilia Galotti**
> - Emilia Galotti ist die wohlbehütete Tochter und entspricht in ihrer Bescheidenheit, Frömmigkeit und Naivität durchaus dem elterlichen Wunschbild.
> - Sie braucht keine eigenen Entscheidungen zu treffen, sie werden von ihren Eltern und ihrem Verlobten getroffen.
> - Dem Prinzen gegenüber ist sie völlig hilflos und kann dem heimtückischen Treiben des Prinzen letztlich nur ihren eignen Tod entgegensetzen. Hier wird ihre Hilflosigkeit zur Waffe gegen die brutale Macht des Adels.
> - Ihr Handeln und letztlich ihr Tod beweisen, dass sie dem Prinzen keine tieferen Gefühle entgegenbringt. Ihr Tod zeigt vielmehr die tiefe Angst vor dem Verlust der Selbstbestimmung und der körperlichen Unversehrtheit inmitten eines Hofstaates, der bürgerliche Normen missachtet.

In dem Augenblick, in dem Emilia, die dem Zuschauer bislang nur als Ideal vorgestellt wurde, in der Fantasie des Prinzen und als Bild Contis, atemlos auf die Bühne stürzt, muss sich das Ideal der Wirklichkeit beugen; es zeigt sich, dass Leben und Ideal sich nicht entsprechen.

Emilias erster Auftritt

Keine atemberaubende, überlegene Schönheit betritt den Raum, eine gehetzte junge Frau stürzt auf die Bühne und sucht Zuflucht bei ihrer Mutter.

Auch bei ihrem zweiten Auftritt befindet sich Emilia auf der Flucht vor einer Gefahr; gerade ist sie dem Überfall entkommen und betritt atemlos das Schloss. Erst bei ihrem dritten Auftritt überrascht sie ihren Vater und den Zuschauer mit ihrer Ruhe.

Emilia kommt also erst angesichts der Unausweichlichkeit ihres Schicksals zur Ruhe, bis dahin aber ist sie in die Enge getrieben, gehetzt, hat keine Zeit zum Nachdenken, kommt nicht zur Besinnung, kann keinen Plan fassen.

Die fremdbestimmte Emilia

So wie das ganze Drama hinweg über sie bestimmt wird, wird ihr erst im letzten Akt die Möglichkeit zur Reflexion gegönnt.

> „Emilia … hat an der besagten Kontroverse von Marinellis Raffinesse, Odoardos krankhaft übersteigertem Gerechtigkeitssinn, Gonzagas Hin- und Hergerissenheit und auch Orsinas Rachegelüsten keinen Anteil: sie wird verhandelt, wird – auch von ihrem Vater! – degradiert zu einem Einsatzstück im Widerstreit von Moral- und Gerechtigkeitsvorstellungen, von Machtgier, last not least auch von Begehren … Ob Marinelli, Gonzaga oder Odoardo – überall herrscht fremder Wille über Emilia; sie selbst wird nicht gefragt."
> (Dreßler, S. 277)

Emilias Bedeutung für das Drama

Kein Monolog eröffnet uns ihr Inneres und bis zum Schluss ist ihr sprachlicher Anteil an dem Drama gering, er wird nur durch Appiani unterboten, Marinelli und der Fürst bestreiten mehr als 50 % der Dialoge, Emilias Anteil beträgt weniger als 10 % – wenig für eine Hauptperson. Zudem sind ihre Anteile an den Gesprächen nicht wirklich tiefgründig, bis zum Schluss bleibt sie in der Rolle der Berichtenden, der Fragenden, weil ihr wichtige Informationen vorenthalten werden.

Emilia – kein „hervorstechender" Charakter

Lessing antwortete seinem Bruder auf die Frage nach Emilias Rolle: „Weil das Stück Emilia heißt, ist es darum mein Vorsatz gewesen, Emilien zu dem hervorstechendsten, oder auch nur zu einem hervorstechenden Charakter zu machen? Ganz und gar nicht. Die Alten nannten ihre Stücke wohl nach Personen, die gar nicht aufs Theater kamen." (Brief vom 10. 2. 1772, in: GW Bd. 2, S. 1120)

Emilia als zentraler Gesprächsinhalt

Emilia allerdings ist von der ersten bis zur letzten Szene in den Gedanken und Gesprächen der übrigen Personen präsent, keine Dramenfigur wird derart ausführlich verhandelt. Lessing bestätigt mit seiner Aussage, dass Emilia als Hauptperson weniger hervorstechend ist als etwa Marinelli oder die Gräfin Orsina, spielt sie doch die Rolle derjenigen, über die das ganze Stück hinweg bestimmt wird. Erst der Schluss eröffnet ihr Handlungsspielraum und gedankliche Tiefe.

In demselben Brief an seinen Bruder Karl hat Lessing eine weitere Bemerkung formuliert, die zu Missverständnissen geführt hat: „Die jungfräulichen Heroinen und Philosophinnen sind gar nicht nach meinem Geschmacke. Wenn Aristoteles von der Güte der Sitten handelt, so schließt er die Weiber und Sklaven ausdrücklich aus. Ich kenne an einem unverheirateten Mädchen keine höhere Tugenden, als Frömmigkeit und Gehorsam." (Brief vom 10.2.1772, in: GW Bd. 2, S. 1120)

Es scheint, als wolle Lessing hier Emilia auf ein sehr begrenztes Terrain von Verhaltensweisen eingrenzen, doch betrachten wir seine Dramenfigur genauer, so sehen wir, dass Emilia lebenswahr und lebensnah entwickelt wird. Ihr fehlt jede Form von überlegener, altkluger Verständigkeit, sie ist auch nicht die heroisch agierende Jungfrau, sie ist ein bürgerliches Mädchen, dessen Erfahrungshorizont durch Erziehung und Religiosität bestimmt ist.

Emilia als lebensnahe Figur

Sehr deutlich weist Lessing auf die positive Bedeutung von Religion hin, wenn er seinem Bruder antwortet: „Zeigt denn jede Beobachtung der äußerlichen Gebräuche einer positiven Religion von Aberglauben und schwachem Geiste? Wolltest Du wohl alle die ehrlichen Leute verachten, welche in die Messe gehen und in der Messe ihre Andacht abwarten wollen." (Ebd.)

Keineswegs also dürfen wir Emilias Verhalten als Ausdruck starrer Bibelfrömmigkeit sehen, sondern, wie Dreßler sehr überzeugend nachweist, als

Vernunft und Frömmigkeit

> „Reflexion, als ‚Zu-sich-selbst-kommen'. ... So handelt es sich bei Emilias vermeintlicher ‚Bibelfrömmigkeit' vielmehr in erster Linie um eine freiwillige Selbstkontrolle, eine durch Vernunft kontrollierte Auseinandersetzung mit den ‚Tumulten der Seele', den ‚sinnlichen Regungen'; letztendlich ist es eine Form der Katharsis – freilich auf der Bühne, nicht im Parkett." (Dreßler, S. 297)

DAS BÜRGERTUM

Emilias Hilflosigkeit im Umgang mit dem Prinzen

Dreimal trifft Emilia mit dem Prinzen zusammen, von zwei Treffen erfahren wir aus Gesprächen, das letzte unheilvolle Treffen erleben wir als Bühnengeschehen.
Emilia beweist in diesem Fall ebenso wie später beim unmittelbaren Zusammentreffen mit dem Prinzen, dass die soziale Distanz so groß ist, dass sie nicht weiß, wie sie sich gegenüber dem Prinzen verhalten soll. Unsicher, ängstlich und ratlos reagiert sie. „Was konnt ich sonst?" (24/30 f.) fragt sie ihre Mutter; später wird sie händeringend den Prinzen fragen: „Was soll ich tun?" (41/24) So tief sitzt Emilias Hochachtung vor dem Ranghöchsten, dass sie nicht einmal einen verächtlichen Blick wagt, wie es im Nachhinein die Mutter anrät, geschweige denn wagt, sich vom Prinzen loszureißen, denn dies könnte Aufsehen erregen; Aufsehen aber würde auf einen Regelverstoß hindeuten, der eindeutig zu Ungunsten von Emilia ausgelegt würde.

Die Verlegenheit des Bürgerlichen im Umgang mit dem Adel

„Die Verlegenheit, im Umgang mit Höheren, ist das Charakteristische bürgerlicher Sitten.' [Garve – Zeitgenosse Lessings] … ‚Der Bürgerliche wirkt gezwungen, furchtsam, unentschlossen, während der Adlige frei, natürlich und ruhig bleibt.' [Garve] … Vor allem der Umgang bei Hofe schafft Sicherheit im Auftreten. Dem Bürgerlichen fehlt dieser Umgang in der Regel; seine beruflichen Beschäftigungen nehmen einen Großteil seiner Zeit ein, während die Pflege des Umgangs zugleich auf den eigenen Stand begrenzt bleibt. Weiß er auch genau, wie er sich in diesem Kreis verhalten kann, so sieht er sich der Verachtung ausgesetzt, wenn er Adligen gegenüber einen Fehler begeht. Daher wird er ‚furchtsam, dass er aus Unwissenheit unterlassen möge, was von ihm erwartet wird.' [Garve] … Die Adligen (so Garve) sind von dem Bewußtsein geprägt, selbst Regeln setzen zu können, während die Bürgerlichen auf die – ihnen unbekannten – Regeln des Adels verwiesen sind." (Schmitt-Sasse, S. 86)

Emilias tiefe Verstörung

Völlig verstört vermag Emilia nicht einmal mehr zu registrieren, worüber sie mit dem Prinz gesprochen hat. Sie erinnert sich an nichts mehr, ihre ‚Sinne' haben sie ‚verlassen'. Ihre Besinnung kehrt erst wieder, als sie sich in der Sicherheit ihrer gewohnten Umgebung weiß. Der Prinz hingegen erinnert sich sehr genau an Emilias fassungsloses Verhalten: „Mit allen Schmeicheleien und Beteuerungen konnt ich ihr auch nicht ein Wort auspressen. Stumm und niedergeschlagen und zitternd stand sie da; wie eine Verbrecherin, die ihr Todesurteil höret." (39/10–13) Zum zweiten Mal wird, wie eine Vorausdeutung, das Wort ‚Todesurteil' verwendet.

> „In diesen Worten ist das Macht- und Ranggefälle zwischen ihnen deutlich ausgesprochen. Sie reagiert auf ihn nicht als auf irgendeinen Mann, sondern als auf ihren Richter, ihren Fürsten. Die soziale Distanz und das Fehlen eines Rangbewußtseins hindern Emilia daran, die Rede des Prinzen anders als in der Unterwürfigkeit der verurteilten Verbrecherin hinzunehmen. Der Kniefall in III,5 repräsentiert die gleiche Geste der Unterwerfung; sie bittet nicht einmal mehr um Gnade, sondern beschreibt in ihren Worten noch das soziale Gefälle: ‚Zu Ihren Füßen, gnädiger Herr'." (Schmitt-Sasse, S. 86)

Das Machtgefälle zwischen Emilia und dem Prinzen

Folgerichtig ergreift Emilia schließlich die Flucht vor dem ‚fremden Laster', das sie „wider ... Willen, zu Mitschuldigen machen kann!" (24/11 f.) Erneut verrät die Sprache mehr, als die Sprecher ahnen. Emilia sieht sich, weil sie der Situation nicht gewachsen war, als Mitschuldige an dem Übergriff des Prinzen, eben als „Verbrecherin", ein Gedankengang, der beim Zuschauer umso mehr Mitgefühl erzeugt, weil für ihn Emilias Opferrolle zwingend eindeutig ist.

Dabei hätte Emilia durchaus die Anlage, Erfahrungen und Ereignisse rational zu erfassen und zu verarbeiten, was ihr fehlt ist der Erfahrungshorizont, zu sehr noch orientiert sie sich an Vorbildern. Selbstkritisch kommt sie zu dem Schluss, dass sie sich nach dem Zusammentreffen mit dem Prinzen in der Kirche „hätte ... wohl anders dabei nehmen können, und würde mir ebenso wenig vergeben haben." (26/33 f.) Nicht Emilia, sondern Claudia verkennt die Gefahr, die sie aufgrund ihrer Lebenserfahrung hätte spüren müssen.

Emilias Rationalität

Auch Appianis schwermütige Wiederholung der ‚traurigen Bilder' überspringt Emilia sehr geschickt, indem sie Appiani fragt, was sie bei ihrem ersten Treffen getragen habe. Zwar hat sie selbst die Verknüpfung von Tränen und Perlen hergestellt, doch „Emilia glaubt nicht an den Traum, sondern sie erkennt mit ihrer Mutter den Traum für sehr natürlich. ... Aber, ob sie schon nicht an den Traum als Vorbedeutung glaubt: so darf sie doch gar wohl sonst Eindrücke auf sie machen." (Brief vom 10.2.1772, in: GW Bd. 2, S. 1121)

Die Frage nach der Schuld Emilias

Schon zu Beginn des Dramas befürchtet Claudia, dass Odoardo ihre Tochter Emilia als schuldig empfinden könnte, weil er den „unschuldigen Gegenstand des Verbrechens mit dem Verbrecher verwechselt".

Offensichtlich wirkt das Gift Orsinas, Emilia habe mit dem Prinzen gemeinsame Sache gemacht, auch bei Interpreten des Dramas nach. Die erste Deutung, die Emilias Verhalten aus ihrer heimlichen Liebe zum Prinzen zu erklären versucht, stammt von Goethe:

Goethes Verdacht gegenüber Emilia

> „Das proton pseudos in diesem Stück sey, dass es nirgends ausgesprochen ist, dass das Mädchen den Prinzen liebe, sondern nur subintelligiert wird. Wenn jenes wäre, so wüßte man, warum der Vater das Mädchen umbringt. Die Liebe ist zwar angedeutet, erstlich wie sie den Prinzen anhört, wie sie nachher ins Zimmer stürzt: denn wenn sie ihn nicht liebte, so hätte sie ihn ablaufen lassen; zuletzt sogar ausgesprochen aber ungeschickt, in ihrer Furcht vor des Kanzlers Hause: denn entweder sey sie eine Gans, sich davor zu fürchten, oder ein Luderchen. So aber, wenn sie ihn liebe, müsse sie sogar zuletzt lieber fordern zu sterben, um jenes Haus zu vermeiden." (Zit. nach: Peter, S. 22)

Emilia – „Gans" oder „Luderchen"?

Goethe folgen zahlreiche Interpreten bis in die Gegenwart hinein, die alle Emilias Mitschuld aus einer uneingestandenen Liebe konstruieren. Der Prinz habe im Herzen der unschuldigen Emilia jene Leidenschaft entfacht, von der sie kurz vor ihrem Tod spricht. Daher habe sie sich mitschuldig gemacht am Ablauf der Ereignisse, ihre Todessehnsucht sei als Wunsch zu werten, diese Schuld zu büßen. Selbst ein Aufsatz, in dem der Verfasser (Weigang, S. 467 ff.) versucht, Emilias Ehre wiederherzustellen, kann sich nicht von einer Schuldzuweisung lösen. Weigang, wie viele andere Interpreten auch, sieht einen deutlichen Beleg für die Schuldzuweisung in II,6. In Emilias atemlosem Bericht, wie der Prinz sie in der Kirche angesprochen habe, nenne Emilia, so Weigang, den Namen des Verfolgers nicht, so als müsse ihre Mutter sofort wissen, wer mit der Bezeichnung „er" gemeint sei, als herrsche ein uneingestandenes Einverständnis zwischen beiden, als sei Emilia von den Liebesschwüren des Prinzen angetan. In diese Deutung fügt sich auch Emilias Schuld, ihrem Verlobten das Treffen mit dem Prinzen verschwiegen zu haben.

Die konstruierte Mitschuld Emilias

Diese Deutung soll durch psychoanalytische Interpretationen untermauert werden: „Lessing demonstriert in dieser Tragödie mit bewundernswertem psychologischen Verständnis die Entwicklung des typischen Konflikts von ‚Versuchung' und ‚Schuldgefühl'. Er weiß, dass Gedanken und Wünsche einen Menschen ebenso schuldig werden lassen können wie wirkliche Taten." (Wyatt, S. 27)
Ganz anders sieht Emilias Mutter die Schuldfrage, wenn sie gegenüber Odoardo beteuert: „Deine Tochter ist unschuldig. Unschuldig, in allem unschuldig!" (61/23 f.) Nun haben wir erlebt, dass Claudia bereit ist, Odoardo gelegentlich zu hintergehen, doch in dieser grundsätzlichen Frage müssen wir Claudia Recht geben. Schon die genaue Untersuchung des Textes erbringt ein gänzlich anderes Bild: Es gibt in dem gesamten Drama nicht einen Hinweis dafür, dass Emilia sich geschmeichelt oder geehrt fühlt, weil der Prinz sich mit ihr unterhalten hat, oder gar einen Beleg für die Zuneigung Emilias, hingegen finden sich zahlreiche Beweise für das Gegenteil:

Claudias Einschätzung der Schuld Emilias

1. Claudias Schilderung des ersten Zusammentreffens von Emilia und dem Prinzen macht deutlich, dass Claudia ausschließlich die Reaktionen und Aktionen des Prinzen darstellt: „Er bezeigte sich gegen sie so gnädig – –", „er unterhielt sich mit ihr so lange – –", „schien von ihrer Munterkeit und ihrem Witze so bezaubert – –". (22/28–34) Alle Anstrengungen gehen vom Prinzen aus, von Emilias Empfindungen erfahren wir hier nichts; erst am Schluss des Dramas äußert sich Emilia zu dieser Abendgesellschaft: „Ich kenne das Haus der Grimaldi. Es ist das Haus der Freude. Eine Stunde da, unter den Augen meiner Mutter; – und es erhob sich so mancher Tumult in meiner Seele" (73/14–17). Es wäre sicherlich falsch, wollte man diese Darstellung so deuten, als habe das Gespräch mit dem Prinzen sie verunsichert. Das Haus der Grimaldis hat Emilia vielmehr eine höfische, ausgelassene und für ein junges Mädchen höchst ungewohnte Lebensweise gezeigt, die in deutlichem Kontrast zur häuslichen Strenge, aber auch im Kontrast zu Appianis Plan steht, sich in die weit abgelegenen Täler zurückzuziehen. Diese ausgelassene, lebenslustige Hofgesellschaft lässt in ihr das Gefühl aufkommen, dass es noch mehr im Leben geben könnte, als an der Seite

Beweise für Emilias Unschuld

Das Haus der Grimaldis

Emilias Zuneigung zu Appiani

Appianis fernab in der Natur „Murmeltiere abzurichten". Doch geht diese Beunruhigung Emilias nicht so weit, dass sie die Hochzeit mit Appiani bereut. Zunächst ist sie von Appianis Niedergeschlagenheit ein wenig verunsichert und versucht, ihn aufzuheitern. Selbst als ihr dies nicht so recht gelingen will und Appiani noch schwermütiger wird, bleibt sie fröhlich, fast ein wenig kindlich, und bemüht sich, Appiani abzulenken, indem sie ihn an ihr erstes Treffen erinnert. Atemlos schildert sie ihm dabei, wie ihr Brautkleid aussehen wird: „fliegend und frei", d.h. offen und sehr natürlich, im Gegensatz zu den geschnürten Kleidern der Zeit, die Haare „in Locken, wie sie die Natur schlug", also keine höfisch aufwändige Frisur, und der einzige Schmuck werde eine Rose sein. „Nichts, gar nichts von dem Geschmeide, dem letzten Geschenke Ihrer verschwendrischen Großmut" (28/21f.). Emilia beweist so mit ihrer gesamten Erscheinung ihre Natürlichkeit und ihre Naturverbundenheit, ganz im Sinne Appianis.

Die Nachstellungen des Prinzen

2. Hätte Emilia nun bei dem ersten Treffen im Hause der Grimaldis ein wenig Zuneigung zu dem Prinzen entwickelt, wäre das zweite Treffen sicherlich für den Prinzen nicht zu einem solchen Misserfolg geworden. Offensichtlich ist der Prinz Emilia schon mehrfach in die Kirche gefolgt, ohne dass er es gewagt hätte, sie anzusprechen. Dies spricht eher dafür, dass das Gespräch im Hause der Grimaldis in ihm nicht den Eindruck erweckt hat, dass Emilia sonderlich an einem Wiedersehen interessiert sei.

Emilia ist nach dem überfallartigen Gespräch mit dem Prinzen sowohl in der Kirche als auch zu Hause so außer sich, so bestürzt und niedergeschmettert, dass sie sich weder daran erinnern kann, was sie dem Prinzen geantwortet hat, noch was dieser eigentlich gesagt hat. Sie sei in der Kirche nur bemüht gewesen, keine Aufmerksamkeit zu erregen.

Dieselbe Situation wird uns noch einmal aus der Perspektive des Prinzen geschildert, und selbst der Prinz muss Marinelli gestehen, dass sein Auftritt in der Kirche einer Katastrophe gleichgekommen ist. „Mit allen Schmeicheleien und Beteuerungen" konnte er Emilia keinen Ton entlocken. „Stumm und niedergeschlagen und zitternd stand sie da; wie eine Verbrecherin, die ihr Todesurteil höret." (39/10–13) Tatsächlich ist diese kleine Nebenbemerkung scharfsichtig, denn in diesem Augenblick entscheidet sich Emilias Leben.

Emilias Tod

Wohl kaum ein Ereignis in einem deutschen Drama hat Interpreten so verstört, so irritiert und zu Erklärungen herausgefordert wie das Ende dieses Trauerspiels, wie der von Emilia gewünschte Tod. Ohne diesen erschütternden Tod hätte es die in die Hunderte gehenden Interpretationen mit Sicherheit nicht gegeben, obgleich Lessings Theatercoup schon in der Quelle angelegt war. Von diesem Tod aus entwickelten Interpreten die Überlegungen zu Emilias ‚Schuld', zu ihrer möglichen ‚Verführbarkeit', zur Kritik an ihrem übersteigerten Tugendbegriff, zum Verhältnis von Religion und Erziehung oder zu einer möglichen politischen oder unpolitischen Deutung.

Der bestürzende Tod Emilias

Schon kurz nach der Aufführung formuliert der mit Lessing eng befreundete F. Nicolai in seinem Brief vom 7. April 1772 das Befremden der Zuschauer:

> „Viele haben es nicht begreifen können, und halten es für unnatürlich, dass der Vater seine geliebte Tochter blos aus Besorgnis der Verführung erstechen könne. Diese aber sehen die große Wahrheit nicht ein, die Emilia sagt, dass Gewalt nicht Gewalt, sondern dass Verführung, liebreizende Verführung, Gewalt ist. … Sollte ich aber etwas … (von der letzten Scene) wünschen, so wäre es, dass Sie von der Verführung etwas auf dem Theater hätten vorgehen lassen, dass Sie den Prinzen hätten in einer Scene pressant [aufdringlich] seyn lassen, und dass Emilia zwar nicht geschwankt hätte, aber doch in Verlegenheit gerathen wäre. Alsdann würde das Publicum die Bitte der Emilia um den Dolch gerechter gefunden haben, als jetzt, da es die gefährlichen Grimaldis nicht vor Augen sieht, und den Prinzen noch lange nicht dringen genug findet." (Lessing, Werke Bd. 20, S. 157)

Das Befremden der Zuschauer

Fehlendes Verständnis für die sublime Form der Gewalt

Offensichtlich ist das Publikum – und auch Nicolai selbst – nicht bereit, die sublime Form der Gewalt, die das gesamte Drama durchzieht, zu akzeptieren und als Auslöser für das grässliche Geschehen am Schluss zu sehen; erst eine klare Grenzüberschreitung des Prinzen würde wohl nach Nicolai der vorletzten Szene ihre Berechtigung geben. Als sei der Übergriff in der Kirche, der Mord, der der Entführung vorangeht, und die Androhung einer Trennung von den Eltern keine hinreichende Voraussetzung für eine absolute Verstörung Emilias. Von hier aus ist die Bemerkung aus Nicolais Brief, in der er einen befreundeten Prediger zitiert, verständlich: „die Emilia ist ein Rock auf Zuwachs gemacht, in den das Publicum noch hinein wachsen muß." (Ebd.) Dies kann ja nur heißen, dass das Publikum einer psychologischen Deutung des Schlusses gegenüber einer zunächst nahe liegenden Radikallösung, des Angriffs auf den Prinzen oder auf Marinelli, noch nicht aufgeschlossen war. Vergessen wir nicht, dass „Emilia Galotti" eines der ersten bürgerlichen Trauerspiele im deutschen Sprachraum war, dass also eine neue Entwicklung erst am Ausgangspunkt steht.

Emilia im Widerspruch von Gewalt und Selbstbestimmung

Emilias treibende Kraft wird häufig verkannt: es ist nicht ihre verabsolutierte Tugend, keinesfalls das Gefühl, dass ihre aufkeimende Sinnlichkeit ihre Reinheit schon gefährde, denn es darf nicht vergessen werden, dass Emilia im Begriff stand zu heiraten, eine Heirat, die von ihrer Seite durchaus als Liebesheirat zu werten ist, dass sie also durchaus ihr „jugendliches, ... warmes Blut" schon früher verspürt hat. Es geht vielmehr um den unauflösbaren Widerspruch von Gewalt und Selbstbestimmung. Wenn Emilia das Bild der Märtyrer ihrem Vater gegenüber anführt, so will sie dies keinesfalls im christlichen Sinne verstanden wissen. Sie widersteht mit ihrem Tod der Fremdbestimmung, sie wehrt sich gelassen und vernunftbestimmt gegen den Zugriff der Macht. Sie weiß, dass sie sich in Obhut der Grimaldis gerade dieser Gewalt nicht entziehen kann.

Tod als Rebellion gegen die Macht

„Um den Herrschenden zu zeigen, dass sie nicht alles tun dürfen, glaubt der Bürger, das Entsetzliche tun zu müssen, um dagegen zu rebellieren, dass er sonst nichts tun kann." (Pütz, S. 201)

Das Bild der Rose

Emilias Tod muss als „aus freier, vernünftiger und verantworteter Gewissensentscheidung erwachsene Tat" (Labroisse, S. 319) verstanden werden. Ihr Bild der Rose, die „gebrochen" ist, „ehe der Sturm sie entblättert" (74/8), ist unter dieser Perspektive zu sehen. Anfangs symbolisiert die Rose Emilias Liebe; auf allen Schmuck will sie am Hochzeitstag verzichten, nicht aber auf die Rose. Schon bei ihrer ersten Begegnung trug sie im offenen, lockigen Haar eine Rose, an die sie Appiani erinnert, und so soll auch an diesem Tag, als Zeichen der andauernden Zuneigung, eine Rose ihr Haar zieren.

Als sie kurz vor ihrem Tod durch ihr Haar fährt, um nach einer Haarnadel zu suchen, mit der sie sich töten kann, fällt ihr die Rose in die Hand, die Rose, die sie umso stärker an das erinnert, was um sie herum und mit ihr geschehen ist. Sie weiß, dass sie dem „Sturm", d. h. der Gewalt und unbarmherzigen Macht, nicht widerstehen kann. Indem Lessing dieses Bild verwendet, zeigt er nachdrücklich, dass Emilia unschuldig ist. Oder trifft, um im Bild zu bleiben, die Rose Schuld am Sturm, der sie bricht?

Thematische Aspekte

Historische Bezugspunkte

Thematische Aspekte

- → Um die politischen Anspielungen auf die Gegenwart zu verschleiern, verlegt Lessing den Schauplatz des Dramas in das kleine italienische Herzogtum Guastalla. Dennoch wird erkennbar, dass Lessing auf Ereignisse im Herzogtum Braunschweig und auf den Herzog Karl I. anspielt, etwa als Kritik an der Mätressenwirtschaft, an der Verschwendungssucht oder der Skrupellosigkeit des Herrschers.
- → Das Bild des feudal-absolutistischen Herrschers und des Adels ist geprägt von Willkür, moralischer Bedenkenlosigkeit und Gewalt.
- → Mit der Wahl der Schauplätze stellt Lessing den Adel und die bürgerliche Welt einander gegenüber. Zudem wird der Gegensatz von Land und Stadt thematisiert. Der bürgerliche Frieden im Hause der Galottis wird durch die Gewissenlosigkeit des Adels zerstört. Selbst die Kirche als Raum der Andacht bietet keinen Schutz vor der Macht des Adels.
- → Auch die beiden Porträts sind ein Spiegel gesellschaftlicher Zustände. Orsinas übergroßes Bild steht in deutlichem Kontrast zu dem wesentlich kleineren Bild Emilias, das für die Privatheit des Bürgertums steht.

Lessing verlegt sein Drama in ein kleines Herzogtum in Oberitalien, das tatsächlich existiert hat. Guastalla ist eine Residenzstadt von sehr geringer Größe (2000–4000 Einwohner) und liegt nördlich von Parma. Den Prinzen haben wir uns als einen der zahllosen italienischen Duodezfürsten vorzustellen („Prinz" wurde bis in das 19. Jahrhundert gleichbedeutend mit „Fürst" verwendet); zwar ist der Name Hettore Gonzaga erfunden, doch nimmt er einige Züge von Herrschern aus dem Geschlecht der Gonzaga an, die vom 14. Jahrhundert bis zum 18. Jahrhundert in diesem Raum herrschten.

Um Lessings zeitgenössische Kritik zu verstehen, ist es nötig, sich seine persönliche Situation vor Augen zu halten: Am 15. Dezember 1769 hatte Herzog Karl I. zu

Braunschweig und Lüneburg Lessing zum Bibliothekar der Wolfenbüttler Bibliothek ernannt, die damals die drittgrößte Bibliothek war. Wolfenbüttel war zu dieser Zeit bedeutungslos, nachdem die Residenz 1753/54 nach Braunschweig verlegt worden war. Obgleich die aufwändige Hofhaltung Karls I. das Herzogtum an den Rand des Bankrotts führt, ist Lessings Gehalt kläglich. Zwar wird Karl als „prächtig, kunstliebend, leidenschaftlich, unruhig, vielgeschäftig, verschwenderisch, leichtsinnig" (E. Vehse, zit. nach: Hildebrandt, S. 343) beschrieben, doch für Lessing hat er nur insofern Verständnis, als er ihn auch als Theaterautor auszunutzen gedenkt. Pro Jahr werden 70 000 Taler für das Theater in Braunschweig ausgegeben, dessen Schauspielerinnen sowohl Karl als auch seinen Sohn, den Thronfolger Karl Wilhelm Ferdinand, faszinieren. Einige Zeit lang ist die Tochter des Direktors des ‚Comödientheaters' Karls Geliebte.

Die Defizite in der Staatskasse wird Karl I. 1776 durch den Verkauf von 5700 jungen Untertanen an die Engländer, die in den Krieg mit den amerikanischen Kolonien geschickt werden, ausgleichen. 3000 von ihnen fallen, hieran verdient Karl I. noch einmal, ebenso wie an den Verwundeten. 5 Millionen Taler soll der Gesamtprofit des Herzogs aus diesem Geschäft gewesen sein.

Zum Geburtstag der Herzogin am 13. März 1772 bestellt man bei Lessing ein Drama; es wird eben jene „Emilia Galotti" sein. Dass Lessing in diesem Drama auch auf den Hof Karls I. zielt, wird den Zuschauern der Premiere klar, als die Gräfin Orsina auftritt. Zu deutlich sind die Übereinstimmungen mit der Gräfin von Branconi (nur das B lässt sich im Namen Orsina nicht wiederfinden), der Mätresse des Thronfolgers, die er von einer Italienreise mitgebracht hatte, wo er sie als Tänzerin gesehen hatte. Noch deutlicher wird die Übereinstimmung durch das Porträt in Öl, das der Hofmaler Rosina de Gasc 1770 von der geadelten Tänzerin mit hochtoupierter, gepuderter Perücke in einem mit Schleifen verzierten Kleid gemalt hat. Ein weiteres Detail könnte einige der anwesenden Adligen aufmerksam gemacht haben: In der erregten Diskussion zwischen Appiani und Marinelli beleidigt Graf Appiani Marinelli zutiefst und provoziert damit möglicherweise sein eigenes Ende. Am Hof Karls I.

Lessing im Dienst des Herzogs Karl I.

Karls Verschwendungssucht …

… und sein Geiz

Soldatenhandel

Das Geburtstagsgeschenk

Anspielungen auf den Hof Karls I.

Lessing, der „Affe" war bekannt, dass der Bruder jener Herzogin, für die das Drama aufgeführt wurde, der König von Preußen, von Lessing nur als „le singe", dem Affen, sprach.

Lessing hat auf diese Weise Fiktives und Reales, Historisches und Gegenwärtiges so geschickt vermischt, dass niemand sich getroffen fühlen musste, dass aber Strukturen seiner Zeit erkannt werden konnten.

Diese Verschleierung hat es unter anderem seit der Uraufführung erschwert, die politische Zielrichtung des Dramas zu erfassen.

Das Bild des Adels

„Emilia Galotti" wird tatsächlich aufgeführt, Lessing allerdings lässt sich wegen starker Zahnschmerzen entschuldigen, und die Höflinge sind schockiert: „Emilia Galotti bringt mich auf den Gedanken, unser Lessing breche es gar zu grün ab. Wer am Hof lebt und vom Hof abhängt, der muss sich weniger delicate themata wählen. Die Moral ist gar zu laut gepredigt; und die Ohren der großen sind immer zu zart, als dass sie so eindringende Töne, und Töne aus dem Dur, leiden können." (Zit. nach: Hildebrandt, S. 354)

Kritik an Lessings Drama

Lessing hat in dem Prinzen von Guastalla das Bild des feudal-absolutistischen Herrschers festgehalten, der dort, wo er seinen Interessen folgt, rücksichtslos alle Möglichkeiten nutzt, die ihm sein Stand bietet. Seine sinnliche und triebhafte Haltung, sein Mätressenwesen machen den Prinzen zwar moralisch fragwürdig, doch der brutale Angriff auf den privaten Lebensbereich seiner Untertanen lassen den Prinzen als nicht mehr tragbaren willkürlichen Herrscher erscheinen. So wie vier Jahre später Karl I. seine Landeskinder verkaufen wird, jene Untertanen, die ihm Gehorsam schuldig sind, die keinerlei Mittel haben, sich gegen diese Gewalt zu wehren, so lässt der Prinz Emilia entführen und verhindert, dass man ihr zu Hilfe eilt.

Das Bild des feudal-absolutistischen Herrschers

Rücksichtslos führt er sie „nicht ohne Sträuben" in seine Privatgemächer ab (42/14 f.). Der Prinz schreckt nicht davor zurück, zynisch Marinellis Vokabular zu übernehmen: Auch er „erschrecke vor einem kleinen Verbrechen nicht", doch es müsse „ein kleines stilles Ver-

Die Skrupellosigkeit des Herrschers

brechen, ein kleines heilsames Verbrechen" sein (48/17–19). Nicht der Mord also wird kritisiert, sondern die Möglichkeit, dass man ihn in Verbindung mit dem Mord bringt.

Es bleibt unter dieser Perspektive unverständlich, dass man immer wieder glaubt betonen zu müssen, Lessing habe keineswegs ein gesellschaftskritisches Drama schreiben wollen. Zu deutlich ist die Anklage gegen Willkür und unumschränkte Gewalt. Indem mit Marinelli ein weiterer adliger Standesvertreter an diesem Komplott beteiligt ist, erweitert sich der Kreis, der von Lessings Kritik betroffen ist.

Die Funktion der Räume

Schon in seinem ersten bürgerlichen Trauerspiel „Miss Sara Sampson" hat Lessing die dramaturgische Einheit des Ortes bewusst nicht beachtet und dem Handlungsraum vielgestaltige Bedeutung zugeordnet. Zwar ist die Raumkonzeption in „Emilia Galotti" nicht so auffällig, doch der Zuschauer, der die Funktion der Schauplätze und gedachten Räume genau beachtet, erhält wichtige Informationen über Macht, verkannte Macht und überschätzte Freiheit.

Die beiden ersten Akte spielen an Orten, die völlig gegensätzliche Lebensauffassungen und Einflussmöglichkeiten widerspiegeln.

Der erste Aufzug zeigt das „Kabinett" des Prinzen. Zwar lässt der „Arbeitstisch voller Briefschaften und Papiere" erahnen, dass in diesem Raum Regierungsgeschäfte erledigt werden, doch die Unlust, mit der der Prinz die Briefe überfliegt, verdeutlichen, dass der Prinz diese „traurigen Geschäfte" (4/7), wie er sie selbst bezeichnet, nur ungern besorgt. So ist es nicht verwunderlich, dass der Prinz diesen Raum, der ihn an seine Arbeit erinnert, verlassen und – zumal der Morgen schön ist – ausfahren möchte. *Das Kabinett des Prinzen*

Dennoch wird erkennbar, dass dieser Raum Macht und Gewalt verkörpert: Als Landesherr entscheidet der Prinz über Bittschriften, kann sich gönnerhaft als Kunstförderer beweisen, und als oberster Gerichtsherr entscheidet er über Leben und Tod. Willkürlich sind seine Entschei- *Der Raum als Verkörperung der Macht* dungen in allen dargestellten Fällen: Wegen der Übereinstimmung des Vornamens gewährt er einer ihm unbekannten Emilia Bruneschi eine hohe Forderung; das Porträt der Emilia Galotti veranlasst ihn, dem Maler zu bezahlen, was dieser selbst verlangt; das Todesurteil will er „recht gern" und „geschwind" (17/9) unterzeichnen, weil er in Eile ist und Emilia Galotti treffen will. Und in diesem Raum wird schließlich die erste Intrige gegen Appiani und Emilia geplant.

Im ersten Akt erfährt der Zuschauer zudem, dass sowohl die Galottis als auch der Prinz einen ländlichen und einen städtischen Wohnsitz haben: Galotti besitzt ein Stadthaus und „Sabionetta" und der Prinz seine Residenz und das Lustschloss „Dosalo". Weit abgelegen davon liegen Appianis Täler von Piemont, in die er sich zurückziehen will. Im Gegensatz zu Marinelli bringt der Prinz zunächst ein gewisses Verständnis für Appianis Abkehr von der Stadt und ihren ersten Häusern mit deren ‚Zeremoniell, der Langweile und Dürftigkeit' auf.

Gegensatz von Stadt und Land

Für Odoardo ist der Gegensatz von Stadt und Land zugleich die Grenze zwischen Laster und Tugend, doch diese einfache Gleichung geht nicht auf, weil die Herrschaft des Prinzen sich auf das Land erstreckt, und die weit gespannte Intrige des Hofes sich auf dem ländlichen Lustschloss Dosalo vollendet.

Zudem verkehrt sich für den Prinzen dieses Verhältnis geradezu: Die Residenz in der Stadt steht für jene ungeliebten diplomatischen Geschäfte, denen der Prinz am liebsten entflieht, das Lustschloss dient dem Vergnügen, dem lasterhaften Begehren.

Die Unruhe im Haus der Galottis

Der zweite Aufzug spielt in einem Saal des Hauses Galotti, und eine eigentümliche Unruhe breitet sich – fast unheilvoll – während des gesamten Aktes in diesem Saal aus. Überraschend erscheint Odoardo, um sich fast ebenso hastig wieder zu entfernen; verschwörerisch treffen sich hier der Raubmörder, der in Marinellis Auftrag einen neuen Schauplatz für ein Verbrechen erkundet, und Galottis Diener Pirro. Emilia stürzt überhastet in diesen Raum; unruhig und sorgenvoll tritt Appiani auf; schließlich kriecht förmlich das Böse in Gestalt Marinellis in das Haus des Bürgers.

Galottis Haus bietet keinen Schutz

Nur scheinbar bietet dieses Haus also Sicherheit. Das Unheil ist längst hereingebrochen, nur nehmen es weder Odoardo noch seine Familie wahr. Während der höfische Adel Bedrohungen sofort erfasst, erkennt das Bürgertum die Gefährdung nicht, selbst Appiani fehlt die Erfahrung, um die Gefährlichkeit Marinellis zu begreifen: er glaubt ihn im Griff zu haben und ist sicher, ihn durch Beschimpfung in seine Schranken verwiesen zu haben.

Wie im vorhergehenden Akt werden auch hier noch einmal dieselben Räume erwähnt, die für bestimmte Ideen stehen, die sich jedoch alle als Illusion erweisen: die Kirche als Ort der Andacht, die Emilia regelmäßig aufsucht und die sogar der Prinz zunächst achtet („Nachher ist sie mir nur an heiligen Stätten wieder vorgekommen, – wo das Angaffen sich weniger ziemet." [8/13 f.]), wird zum Ort der gewaltsamen Zudringlichkeit; das Landgut Odoardos, das für ihn Ruhe, Sicherheit und Unschuld bedeutet, gefährdet Emilia und Appiani, weil die Hochzeitsgesellschaft sich mit nur wenigen Begleitern dorthin begeben will, Marinelli aber schon die Möglichkeiten eines Überfalls hat erkunden lassen; die Idylle von Appianis Landbesitz, die Täler und Berge, wo er Gemsen jagen und Murmeltiere abrichten will, bleiben damit unerreichbar.

Kirche als Raum der Andacht

Landgut als scheinbare Idylle

Die Illusionen des Bürgertums zeigen sich nicht zuletzt darin, dass die Räume, die mit positiven Vorstellungen besetzt sind, vom Adel ausgenutzt und missachtet werden. Die folgenden drei Akte spielen im „Vorsaal auf dem Lustschlosse des Prinzen". Dieser Raum kennzeichnet noch deutlicher als das Kabinett den Machtbereich des Herrschenden: Alle Personen, die hier ohne Zustimmung des Prinzen auftreten, stehen in seiner Gewalt und müssen dies schmerzlich spüren. Dabei scheint es zunächst, dass Marinelli und dem Prinzen die Fäden aus der Hand gleiten, denn alle Widersacher des Prinzen – Orsina und Emilias Eltern – vereinigen sich im ‚Sturm' auf die Festung des Prinzen, der Emilia sozusagen gefangen hält. Zwar darf die Mutter kurzfristig jene Räume betreten, zu denen der Zuschauer keinen Zutritt erhält und die vollständig seiner Fantasie überlassen sind, doch weder Orsina noch der Vater schaffen es, aus eigener Kraft dorthin vorzudringen. Bediente und Marinelli schirmen die Gemächer des Prinzen so weit ab, dass Odoardo schließlich verzweifelt Zugeständnisse macht,

Das Lustschloss als Machtbereich des Prinzen

damit seine Tochter aus den Privaträumen des Prinzen noch einmal zu ihm vorgelassen wird. Im Vorsaal werden die unliebsamen Eindringlinge abgefertigt, ihnen wird verdeutlicht, dass sie keinen Anteil am Machtbereich haben.

Wie durchdacht die Lage des Lustschlosses zu den beiden bürgerlichen Bezugspunkten ist, wird an dem Überfall auf die Kutsche der Hochzeitsgesellschaft deutlich:

> „Die Fluchtrichtung aus dem bedrängten Kreis der Stadt zielt also auf das naturnähere Landgut und darüber hinaus auf die noch ursprünglichere Naturlandschaft des Hochgebirges. Doch der Weg zu einem tugendhaften Leben in befreiender Natur, der den Menschen im 18. Jahrhundert als der glücksverheißendste gilt, wird versperrt, weil er, wie Marinelli scharf kalkuliert, an einem Stützpunkt der Machthaber vorüberführt, der zwar den Namen ‚Lustschloß' trägt, sich in Wirklichkeit aber als Zwingburg erweist. Von hier aus wird man die anrückenden Widersacher beobachten, ihre Absichten beäugen, und in ihr wird man den Menschen bedrängen, zwingen, in Haft nehmen und zu Tode bringen. Die Fahrt auf der Strecke Stadt – Sabionetta wird abgebrochen, weil Dosalo genau dazwischenliegt; die Verbindung des Brautpaares wird mit Gewalt verhindert, weil der Prinz dazwischentritt. Der Aufbruch in ein bürgerliches, d. h. für die damalige Zeit: in ein natürlich-tugendhaftes Glück, wird von den Machthabern des Hofes vereitelt. Die räumliche Lage des adligen ‚Lust'-Ortes ist strategisch bestens geeignet, den Bürgern ihren eigenen Weg zu einem freudvollen Dasein abzuschneiden." (Pütz, S.155)

Das Lustschloss als „Zwingburg"

Bild, Abbild und dargestellte Wirklichkeit – Das Porträt Emilias

Kunst und Dichtung „stellen uns abwesende Dinge als gegenwärtig, den Schein als Wirklichkeit vor; beide täuschen, und beider Täuschung gefällt" (Lessing, GW Bd. 2, S.783), formuliert Lessing im Vorwort zu seiner kunsttheoretischen Schrift „Laokoon", doch der Maler Conti erfasst durchaus, dass die beabsichtigte Wirkung in der Einbildungskraft des Betrachters ihren Ursprung hat. Nicht das Auftragsbild der Gräfin Orsina findet die Anerkennung des Prinzen, sondern das Bild Emilias, das genau den Wunschvorstellungen des Prinzen ent-

Kunst und Täuschung

spricht: „Was seh ich? Ihr Werk, Conti? oder das Werk meiner Phantasie? – Emilia Galotti!" (8/7f.) Die Liebe des Prinzen erweckt das Bild zu eigenem Leben: „Bei Gott! wie aus dem Spiegel gestohlen!" (8/20) Die erkaltete Liebe zur Gräfin Orsina hingegen entlarvt die „Täuschung" der Malerei. „Alles, was die Kunst aus den großen, hervorragenden, stieren, starren Medusenaugen der Gräfin Gutes machen kann, das haben Sie, Conti, redlich daraus gemacht." (7/20–22)

Orsinas Porträt

Contis Porträt von Emilia hat die Wunschvorstellungen des Prinzen Wirklichkeit werden lassen, Emilia im Bild vertritt die reale Emilia. Weil sich in seiner Fantasie Wirklichkeit und Bild mischen, wird das Abbild für den Prinzen zu einem unbezahlbaren Wert. „Dich hab ich für jeden Preis noch zu wohlfeil", gesteht er im vertrauten Gespräch (I,5) mit dem Bild, und in diesem Augenblick wird deutlich, dass der Besitz des Bildes den Wunsch nach dem Besitz der realen Person einschließt: „Wer dich auch besäße, schönres Meisterstück der Natur! – Was Sie dafür wollen, ehrliche Mutter!" Im vertraulichen Du spricht er das Bild an, versenkt sich in die Augen „voll Liebreiz und Bescheidenheit", und Bild und Wirklichkeit beginnen so weit zu verschwimmen, dass der Prinz hinter dem Bild die wirkliche Emilia zu sehen glaubt: „Dieser Mund! und wenn er sich zum Reden öffnet! wenn er lächelt!" Obgleich Emilia erst im folgenden Akt auftritt, völlig anders, als wir sie erwarten, in panischer Angst vor ihrem Verfolger, ist sie im gesamten ersten Aufzug als künstlerisches Objekt und als Gesprächsthema stets präsent. Anfangs ist es nur der Vorname, der das seelische Gleichgewicht des Prinzen nachhaltig stört, Orsinas Name dagegen vermag nichts mehr zu bewirken, sogar ihren Brief wirft der Prinz ungelesen weg. Gefühlsmäßig sind die beiden Frauen schon längst gegeneinander ausgetauscht, und als Conti mit den beiden Porträts erscheint, wird dieser Tausch auch optisch vollzogen. Emilias Porträt bleibt bei der Hand im Kabinett, zum „Studium der weiblichen Schönheit" (9/29f.), wie es der Prinz ausdrückt – fast als benötige er einen Vorwand gegenüber Conti –, und als Marinelli erscheint, dreht der Prinz das Bild Emilias zur Wand: „Noch bin ich mit dir zu neidisch." (10/21) Das Bild Orsinas hingegen wird in die Repräsentationsräume verbannt, also einer breiteren

Das Bild Emilias und die Fantasie des Prinzen

Bild und Wirklichkeit

Unterschiedliche Bewertung der Bilder

BILD, ABBILD UND DARGESTELLTE WIRKLICHKEIT – DAS PORTRÄT EMILIAS

Öffentlichkeit zugänglich gemacht. Der kalte, männliche Blick verzerrt Orsinas Porträt zur tödlichen, starren Medusa, denn die Beziehung zwischen Maler, Modell und Auftraggeber hat sich grundlegend verändert.

Conti idealisiert Emilias Porträt

Emilia hingegen wird von Conti entzückt angepriesen, dabei bleibt die ‚Werbung' für das Porträt Emilias erstaunlich abstrakt und formelhaft: „Dieser Kopf, dieses Antlitz, diese Stirn, diese Augen, diese Nase, dieser Mund, dieses Kinn, dieser Hals, diese Brust, dieser Wuchs, dieser ganze Bau" (9/20–23). Kein Adjektiv schmückt die Beschreibung und – auf das Bild zeigend – abstrahiert Conti die dargestellte Emilia zum Ideal „der weiblichen Schönheit". Der Zuschauer, der normalerweise dieses kleine Porträt gar nicht zu Gesicht bekommt, entwickelt für sich ein eigenes Ideal der Schönheit, denn er wird durch keinen anderen Hinweis gelenkt als durch den, dass Emilia schön ist. Damit ist Emilia – zumindest in diesem Akt – zeitlos geworden, da jeder Zuschauer für sich das Bild eines Ideals in sich trägt.

Das Bild als Ware

Die Begeisterung Contis ist indessen durchaus von Eigeninteresse geleitet, und so lenkt er mit seinen Hinweisen die Aufmerksamkeit des möglichen Käufers auf Details seiner ‚Ware' Bild. Vergessen wir nicht, dass der Prinz dieses Bild keineswegs bestellt hat, dass es sich zudem um eine (unerlaubte?) Kopie des Originals handelt, das Emilias „abwesender" Vater bekommen hat. Ein Zeitgenosse Lessings, der auch Lessings Drama „Emilia Galotti" illustriert hat, Daniel Chodowiecki, äußert sich empört über die „ridicüle [= lächerliche] und zugleich niederträchtige Figur" des Malers Conti. „Der Künstler, der einem Fürsten das Bild eines schönen Mädchens ohne (oder mit, ist gleichviel!) ihre Einwilligung bringt, um belohnt zu werden, ist ein Schurke, eben so gut als ob er ihm das Mädchen selbst brächte." (Zit. nach: Gilow, S. 91)

Die emotionale Deutung des Bildes

Damit kritisiert Chodowiecki sehr genau das, was der Prinz mit dem Kauf des Bildes verknüpft, den Wunsch, Emilia zu besitzen. Als der Prinz zu erkennen glaubt, dass Emilia für ihn verloren ist, weil er von Marinelli vernimmt, dass sie heiraten will, „reißt der Prinz dem Marinelli das Bild wieder aus der Hand, und wirft es beiseite." (13/31 f.). In diesem Augenblick verliert das Bild seine Funktion als Ersatz für die wirkliche Emilia, denn der Traum von einer Beziehung zu Emilia, der sich mit dem Bild verbindet, ist zerplatzt. Gleichzeitig verändert sich die emotionale Beziehung zu Emilias Porträt, wie das zornige Wegwerfen des Bildes beweist. Wie zuvor bei der Betrachtung des Bildes der Gräfin Orsina unterliegt auch das Bild Emilias der emotionalen Deutung. Der Zauber des Bildes ist gebrochen, nun wird der Weg bereitet für den Auftritt der realen Emilia. Das heißt, dass dieses Gespräch zumindest beim Zuschauer die Spannung auf ein Treffen mit der ‚wirklichen' Emilia Galotti erhöht, ebenso wie der Prinz nach dem Kauf des Bildes darauf drängt, das Original wiederzusehen.

> „Und so sehr Contis Bild die Vorstellungskraft beherrschen mag, so wenig hilft dies der ‚echten' Emilia: irgendwann muß sie auf die Bühne, und, dem Publikum in der Weise Contis avisiert, ist es fast schon ein Wunder, wenn sich die Protagonistin überhaupt noch hinaus traut. – ‚Oder ist Ausdruck mehr als Schönheit?' fragt Lessing im 22. Abschnitt des ‚Laokoon' beiläufig, und nicht ohne Ironie erkundigt er sich bei seinem Leser: ‚Und sind wir auch in Gemälden schon gewohnet, so wie auf der Bühne, die häßlichste Schauspielerin für eine entzückende Prinzessin gelten zu lassen, wenn ihr Prinz nur recht warme Liebe gegen sie äußert?'"
> (Dreßler, S. 253)

Folgerichtig zerstört Lessing die Vorstellung des Zuschauers von Emilia durch einen dramentechnischen Kniff: Emilia stürzt angsterfüllt in Panik auf die Bühne; es geht plötzlich nicht mehr um das Ideal der Schönheit, es geht nun um die Bedrohung eines Menschen, und der Zuschauer muss sich zunächst in die Wirklichkeit des Dramas einfinden. Sehr schnell hat er den abstrakten Dialog um Schönheit und Ideal vergessen.

Zerstörung des Ideals: Emilias Auftritt

Die Sprache

Die Sprache

- Die Sprache ist in diesem Drama nicht immer erkenntnisfördernd, sondern dient im Gegenteil häufig zur Verschleierung durch Verschweigen, Andeutungen und Mehrdeutigkeiten.
- Dabei entpuppen sich Gespräche mehrfach als Fallen und Manipulationen.
- Nicht selten sind Dialoge geprägt durch starke Emotionen, die sich in Ellipsen oder Sprunghaftigkeit ausdrücken.

Die Leerstellen im Drama

Die Subjektivität der Berichte über das Treffen in der Kirche

Emilias Darstellung

Verwendung des Neutrums

Das interpretatorische Problem des Dramas ist, dass dem Zuschauer das dramatische Geschehen vielfach nur in Dialogen vermittelt wird, seltener durch unmittelbare Handlung auf der Bühne; er ist daher auf die jeweils subjektive Sicht der handelnden Personen angewiesen. Was beispielsweise in der Kirche wirklich vorgefallen ist, kann man allenfalls aus drei unterschiedlichen Schilderungen herausfiltern. Ob unsere Deutung den Kern trifft, bleibt offen: Emilias verwirrte, erregte Darstellung steht in unüberbrückbarem Kontrast zu Orsinas Beschreibung der Ereignisse; der Bericht des Prinzen wiederum lebt offenkundig aus der Erfahrung des Misserfolgs.

Orsina sieht in dem Treffen, das ihr hintertragen worden ist, eine Vorbereitung der Entführung, daher betont sie nachdrücklich gegenüber dem Vater die „Vertraulichkeit", ja die „Inbrunst" der Begegnung; der Prinz wiederum hebt seinen Misserfolg hervor: er schildert die zitternde Emilia, die wie eine „Verbrecherin, die ihr Todesurteil höret" (39/12 f.), vor ihm gestanden habe. Emilia schließlich vermag zunächst nur – bruchstückhaft und einzelne Worte wiederholend – das Ereignis zu umreißen („Wohl mir! wohl mir! – ... Ist er, meine Mutter? ist er?" (23/21–24)). Der Aufforderung der Mutter folgend, versucht sie dann das Geschehen zu präzisieren. Immer wieder muss sie sich zusammenreißen – die vielen Gedankenstriche zeugen von den Unterbrechungen der Erinnerung. Zunächst schildert sie den Verursacher ihrer Verwirrung als Neutrum („als dicht hinter mir etwas seinen Platz nahm" (24/17 f.)); auch nachdem sie ihren Namen vernommen hat, bleibt der Handelnde noch neutral anonym („Es sprach ... Es klagte" (24/26 f.)), als habe sie Angst einzugestehen, dass sich hier ein Mann ihr in unziemlicher Weise genähert haben könnte. Nach und nach gesellen sich – fast unbewusst – zu dem Personalpronomen „es" die Pronomen „er" und „sein", und schließlich verwendet Emilia das männliche Personalpronomen „ihn", als müsse die Mutter nun doch erkannt haben, von wem die Rede gewesen ist.

Als habe Lessing Orsinas Worte „Nun da; buchstabieren Sie es zusammen!" (60/3) zum Motto seines Dramas gewählt, muss der Zuschauer unentwegt Verschwiegenes herausfinden, Lügen und Intrigen durchschauen, Illusionen entlarven, Subjektives auf eine mögliche Wirklichkeit zurückführen. Die Tatsachen bleiben weitgehend in Andeutungen verborgen. Sie aus sprachlichen Anspielungen zu rekonstruieren, ist die Aufgabe des Zuschauers. Sprache ist in diesem Drama nicht erkenntnisfördernd, im Gegenteil wird sie in entscheidenden Momenten Mittel zur Täuschung und zur Machtausübung. Wie in Dramen der Moderne ist nicht selten das Ungesagte bedeutsamer als das, was auf der Bühne gesagt wird.

Sprache und Verschweigen

Die Bedeutung des Ungesagten

Gerade dies ist der Reiz des Dramas und seine Problematik: Wenn Odoardo beispielsweise die rätselhafte Andeutung in seinem letzten Monolog formuliert: „Wenn sie es nicht wert wäre, was ich für sie tun will? – ... Was will ich denn für sie tun?" (71/11–13), so bleibt – selbst wenn man die Fortsetzung einbezieht, dass er das „Herz" nicht habe, es sich „zu sagen" – unklar, ob er schon hier den Mord an seiner Tochter gedanklich vorbereitet. Der Gedankengang liegt nahe, aber er ist nicht eindeutig.

Odoardos rätselhafte Andeutungen

Emilias Erstaunen gegenüber ihrem Vater, „O, mein Vater, wann ich Sie erriete! – Doch nein; das wollen Sie auch nicht. Warum zauderten Sie sonst?" (73/35 f.), bleibt in gleicher Weise unerklärlich: Glaubt Emilia in ihrem Vater den Vorsatz zur Tötung der eigenen Tochter erkannt zu haben oder projiziert sie ihren eigenen Wunsch auf den Vater?

Marinelli deutet seine Intrige an, bevor Odoardo auftritt, wenn er „überlegend" sagt: „Das geht! Ich hab es!" (63/33), doch der Zuschauer ahnt zu diesem Zeitpunkt noch nicht, was Marinelli plant; er weiß auch später nicht, ob Marinelli hier schon das ganze Ausmaß der Intrige vor Augen hat, auf die Odoardo im letzten Akt hereinfällt, oder ob die Intrige sich im Laufe der Auseinandersetzung entwickelt.

Von dieser Deutung aber hängt es ab, inwiefern der Prinz in den gesamten Plan einbezogen ist, denn Marinelli verrät dem Prinzen seine Absicht: „und hören Sie erst, Prinz, was wir auf den zu befürchtenden Fall tun müssen." (64/4 f.)

Die „Sprache der Gefühle"

Die Dialoge des Dramas sind sehr häufig gekennzeichnet durch Hast, überwältigende Gefühle, die sich in unvollständigen, abgebrochenen Sätzen (Ellipsen) spiegeln, durch Sprunghaftigkeit und unausgesprochene Gedanken.

Entlarvende Versprecher

Schon die erste Szene zeigt uns einen Prinzen, der mit elliptischen Sätzen, Wiederholungen, Fragen und Ausrufen seine Unausgeglichenheit beweist, während er seine Staatsgeschäfte erledigt. Unkonzentriert – aber entlarvend – verspricht er sich, wenn er Orsinas Ankunft in der Stadt kommentiert: „Desto schlimmer – besser; wollt ich sagen." (4/31) Ähnlich ist sein Versprecher zu werten, wenn er zu seinem Rat Rota sagt, dem er die Bittschriften übergibt: „Noch ist hier eine Bittschrift einer Emilia Galot –– Bruneschi will ich sagen." (17/1 f.) Die Inhumanität in der Sprache verrät auch die Haltung des Prinzen, wenn er die Unterschrift unter ein Todesurteil mit der Höflichkeitsfloskel „sehr gern" setzen will.

Gespräche als Fallen

Suggerieren Gespräche vielfach zunächst eine kommunikative Situation, so entpuppen sie sich häufig bei genauer Analyse als Falle oder taktisch geschickte Manipulationen. Die interessierte Frage des Prinzen, ob „denn gar nichts vor[geht], in der Stadt" (12/8 f.), beantwortet Marinelli zunächst mit einem nachlässig hingeworfenen Satz: „So gut, wie gar nichts. –" (12/10), obgleich er weiß, dass die folgende Nachricht den Prinzen im Innersten treffen wird. Aber indem er in der folgenden Antwort das Wichtigste verschweigt, erhöht er mit dem Mittel der Verzögerung und des teilweisen Verschweigens die Spannung. „Denn dass die Verbindung des Grafen Appiani heute vollzogen wird – ist nicht viel mehr, als gar nichts." (12/10–12) Dreimal muss der Prinz nach-

Taktik der Verzögerung

fragen, wen Graf Appiani denn heirate, bevor er die ganze Wahrheit erfährt, die Marinelli triumphierend noch mit den abwertenden Worten „eine gewisse Emilia Galotti" schmückt, um dem Prinzen einen weiteren Stich zu versetzen.

Ein weiteres auffälliges Merkmal sind die verkürzten Dialoge, bei denen die Gesprächspartner sich nicht selten ins Wort fallen: „ODOARDO: Ganz allein?/CLAUDIA: Die wenigen Schritte --/ODOARDO: Einer ist genug zu einem Fehltritt! -" (18/26-28)

Verkürzte Dialoge

Wiederholungen und wortspielerische Wiederaufnahmen von Begriffen sind weitere Kennzeichen der Sprache. Mit Blick auf das Porträt Orsinas sagt der Prinz zu dem Maler Conti: „das haben Sie, Conti, redlich daraus gemacht. – Redlich, sag ich? – Nicht so redlich, wäre redlicher." (7/22-24)

Wortspiele

Zynisch begrüßt Marinelli Emilia mit dem paradoxen Wortspiel: „Was für ein Unglück, oder vielmehr, was für ein Glück, – was für ein glückliches Unglück verschafft uns die Ehre –" (40/5-7) Die Wortspiele verraten die trügerische Wahrheit und kennzeichnen die Doppelbödigkeit des Gesagten.

Die historische Vorlage des Dramas

> **Die historische Vorlage des Dramas**
>
> ⇒ Lessing greift zurück auf einen antiken Stoff. Emilia weist an entscheidender Stelle darauf hin („Ehedem wohl gab es einen Vater"). Sie spielt hier auf den Virginia-Stoff an, den der römische Schriftsteller Livius überliefert hat.
>
> ⇒ Der politische Hintergrund ist die Auseinandersetzung zwischen Patriziern und Plebejern im 5. Jahrhundert v. Chr.
>
> ⇒ Virginia, ein Mädchen aus dem Stand der Plebejer, soll durch eine Intrige als Sklavin in die Hände des Patriziers Appius fallen. Als Virginias Vater auch vor Gericht hilflos der Willkür des Patriziers ausgeliefert ist, ersticht er seine Tochter, um ihre Freiheit zu retten.
>
> ⇒ Der Tod Virginias führt zu einer Revolte des Volkes, in der die verlorenen Rechte der Plebejer wiederhergestellt werden. Appius wird gefangen genommen und begeht Selbstmord.

Lessing weist selbst auf die römische Vorlage seines Dramas hin, wenn Emilia ihrem Vater im vorletzten Auftritt sagt: „Ehedem wohl gab es einen Vater, der seine Tochter von der Schande zu retten, ihr den ersten den besten Stahl in das Herz senkte –" (73/37–74/2).

Die Geschichte der römischen Virginia

Die Geschichte der Virginia, auf die Emilia anspielt, hat sich im Rom des 5. Jahrhunderts n. Chr. zugetragen. Politischer Hintergrund der tragischen Geschichte ist die Auseinandersetzung zwischen Patriziern und Plebejern. Nach der Überlieferung des Historikers Titus Livius (59 v. Chr.–17 n. Chr.) „ergriff [Appius Claudius] die Begierde, ein Mädchen aus dem Plebejerstand zu verführen." (Müller, S. 28) Das von dem Vorsitzenden der ‚Decemvirn' umworbene Mädchen Virginia aber war mit dem früheren Tribun Lucius Icilius verlobt, „einem Mann voller Tatkraft und bewährtermaßen verdient um die Sache der Plebejer" (ebd.). Als Appius Claudius erkennen muss,

Die standhafte Virginia

dass er Virginia weder durch Geschenke noch Versprechungen verführen kann, ersinnt er eine gemeine Intrige, um das Mädchen in seine Gewalt zu bekommen: Einer seiner Vertrauten, Marcus Claudius, behauptet öffentlich auf dem Forum in Anwesenheit von Virginia, sie sei eigentlich die Tochter seiner Sklavin, damit selbst auch Sklavin und somit sein Eigentum, das er damit beanspruche. Als er Virginia mit sich nehmen will, entsteht ein öffentlicher Aufruhr, da sowohl Virginias Vater als auch ihr Verlobter einen herausragenden Ruf genießen. Marcus Claudius gibt scheinbar nach und fordert, dass die Angelegenheit vor einem Richter geklärt werden solle. Auf den Rat der Anwesenden stellt sich Virginia dem Gericht und tritt vor den obersten Richter, nämlich Appius Claudius. Hier wiederholt Marcus Claudius seine Aussage, nur dem Verlangen der Verteidigung Virginias ist es zu verdanken, dass die Angelegenheit um einen Tag vertagt wird, bis der Vater vor Gericht erscheinen könne. Appius Claudius stimmt diesem Antrag zu, verlangt aber heimtückisch, bis dahin sei Virginia ihrem rechtmäßigen Besitzer zu überlassen. Das Auftreten ihres Verlobten und ihres Onkels vor Gericht wendet zunächst die Gefahr ab, da nach einer emotionalen Ansprache ein öffentlicher Aufruhr zu entstehen droht.

Als der Vater, Lucius Virginius, der Befehlshaber einer Elitetruppe vor den Toren Roms ist, vor Gericht erscheint, versucht er zunächst die Bürger davon zu überzeugen, dass sie für ihn eintreten müssten, da er schließlich täglich als Soldat auch für ihre Sicherheit sorge. Appius Claudius aber kennt keinerlei Zurückhaltung, er erklärt kraft seines Amtes Virginia zur Sklavin, die sofort abzuführen sei. Die Einwände ihres Vaters, „Mit dem Icilius, nicht mit dir, Appius, habe ich meine Tochter verlobt; und zur Ehe, nicht zur Unzucht habe ich sie erzogen" (Müller, S. 31), und seinen Aufruf zum Waffengebrauch unterbricht Appius Claudius brutal, indem er erklärt, dass er – Aufstände, die die ganze Nacht über geplant seien, befürchtend – mit Bewaffneten gekommen sei. In diesem Moment zieht sich die Menge zurück, und Virginia steht allein, hilflos der Gewalt ausgeliefert. Der Vater fordert eine letzte Unterredung mit seiner Tochter, angeblich, um zu klären, ob die Vorwürfe, Virginia sei der Familie nur unterschoben und eigentlich Sklavin, stimmen könnten. Er zieht sich mit seiner Tochter zurück, entreißt einem Metzger, der hier seinen Stand

Die Intrige gegen Virginia

Virginia vor Gericht

Virginias Vater ruft zum Widerstand auf

Brutale Unterschlagung der Wahrheit

Tod der Virginia

hat, das Messer und tötet seine Tochter: „Mit diesem letzten Mittel, was ich noch habe, meine Tochter, rette ich deine Freiheit!" (Müller, S. 32) Der Verhaftung entzieht sich der Vater im Schutz der Menge; Virginias Verlobter und ihr Onkel tragen währenddessen den blutigen Leichnam Virginias durch die Volksmenge. Die Gewalttat schlägt um in eine Revolte; mit einem Teil seiner Truppe zieht Virginias Vater gegen Rom, zwingt die Decemvirn zum Rücktritt, und Tribunat und provocatio, die wichtigsten politischen Instrumente der Plebejer, werden wiederhergestellt. Appius schließlich wird gefangen genommen und begeht im Gefängnis Selbstmord.

Der Tod als Auslöser einer Revolte

„Emilia Galotti" als bürgerliches Trauerspiel

> - Das bürgerliche Trauerspiel bildet die Gegenposition zur heroisch-klassischen Tragödie. Erstmals ist im 18. Jahrhundert der Bürger zur zentralen Figur von Trauerspielen aufgestiegen.
> - Im Gegensatz zu den öffentlichen, politischen Menschen, zu Königen, Fürsten oder herausragenden Adligen, die das Personal der klassischen Tragödie bilden, steht im bürgerlichen Trauerspiel der private, häusliche Mensch im Vordergrund.
> - Die Gegenüberstellung unterschiedlicher Wert- und Moralvorstellungen prägen die Konflikte.
> - Im bürgerlichen Trauerspiel wird das Recht des Individuums auf Selbstbestimmung zum zentralen Thema.

„Emilia Galotti" als bürgerliches Trauerspiel

Die Definitionen für das bürgerliche Trauerspiel sind durchaus nicht einheitlich, doch lassen sich Minimalbedingungen benennen, die ein Drama als bürgerliches Trauerspiel erfüllen muss:

Im 18. Jahrhundert bezeichnet das bürgerliche ‚Trauerspiel' die Gegenposition zur heroisch-klassischen Tragödie. Sie stellt vor allem die politisch historische Welt der Könige und deren tragisches Schicksal dar. Nur diese Repräsentanten waren aufgrund ihres Ranges überhaupt tragödienfähig, denn „sie repräsentieren den Menschen schlechthin". (Guthke, S. 14)

Die klassische Tragödie

Lange Zeit war die Tragödie aufgrund der Ständeklausel (im 4. Jahrhundert nach Chr. durch den Grammatiker Diomedes herausgebildet und vor allem im Humanismus und im Barockzeitalter gültig) dem Bürger verschlossen und blieb den politisch bedeutenden, hoch gestellten Personen vorbehalten.

Ständeklausel der klassischen Tragödie

> Die Tragödie „pflegt ... sich lauter vornehmer Leute zu bedienen, die durch ihren Stand, Namen und Aufzug mehr in die Augen fallen. ... Aristoteles beschreibt sie derowegen, als eine Nachahmung einer Handlung, dadurch sich eine vornehme Person harte und unvermuthete Unglücksfälle zuzieht." (Gottsched, S. 4 ff.)

„EMILIA GALOTTI" ALS BÜRGERLICHES TRAUERSPIEL

Das Personal der klassischen Komödie

Im Gegensatz dazu steht die Komödie. Während in der Tragödie „fast lauter vornehme Leute" auftreten, kommen in der Komödie „Bürger und geringe Leute, Knechte und Mägde vor ...: dort die heftigsten Gemüthsbewegungen herrschen, die sich durch einen pathetischen Ausdruck zu verstehen geben; hier aber nur lauter lächerliche und lustige Sachen vorkommen, wovon man in der gemeinen Sprache zu reden gewohnt ist." (Ebd.)

Der Bürger als neue Hauptfigur der Tragödie

Wenn also im 18. Jahrhundert Bürger zu zentralen Figuren von Trauerspielen aufsteigen, so bedeutet dies einen wichtigen Einschnitt in der Literaturgeschichte. Dabei bedeutet ‚bürgerlich' durchaus nicht unbedingt eine Standesbezeichnung.

Der Bürger als Privatperson

> „Neben der soziologischen Bedeutung (auf den dritten Stand bezüglich) hat es vornehmlich den Sinn von civilis (als ... ‚Bürger' im Wortverstand von ‚verantwortliches Mitglied eines Gemeinwesens'); ferner bedeutet es so viel wie ... allgemein ‚menschlich' oder privat, häuslich, familiär im Gegensatz zum Geschichtlich-Politischen, Öffentlichen, Heroischen. Der Bürger ist der auf die Gemeinschaft bezogene Mensch, ... in Pflichten und Verantwortung an andere gebunden, fern der ‚großen Welt' der Herrschenden und ihrer Politik." (Guthke, S. 7f.)

Damit ist der Bürger als Privatmensch im Familienkreis charakterisiert und steht nicht im Gegensatz zum adligen, sondern im Gegensatz zum öffentlichen, politischen Menschen, zu Königen, Helden oder Fürsten, die das ‚heroische' Trauerspiel beherrschen und deren zentrales Anliegen Staatsinteressen sind.

Die Stellung der Familie Galotti

Insofern erübrigt sich auch die immer wieder geführte Diskussion, ob die Familie Galotti dem niederen Adel oder dem städtischen Bürgertum zuzuordnen sei. Ihr wirtschaftlicher Wohlstand (zwei Häuser, Bedienstete, Kutsche) sowie Odoardos Berufsstand (Oberst) verweisen darauf, dass die Galottis nicht dem einfachen Stadtbürgertum zuzuordnen sind (wie etwa die Familie Miller in Schillers „Kabale und Liebe"). Entscheidend ist die Gegenüberstellung verschiedener Wert- und Moralvorstellungen, dabei zeigt sich, dass Appiani als Adliger sich in seiner Abkehr vom höfischen Leben den bürgerlichen Tugenden zuwendet.

Der Prinz von Guastalla bricht, indem er Emilia verfolgt, in eine soziale Ordnung ein, die nicht – dies macht Appianis Einstellung deutlich – notwendig an den bürgerlichen Stand gebunden ist. Indem der Prinz zudem gegen das Recht des Individuums auf Selbstbestimmung verstößt, setzt er ein zentrales Menschenrecht außer Kraft, dem Lessing Allgemeingültigkeit zugesprochen hat. Nicht das Bürgertum wird hier unterdrückt, sondern die Menschlichkeit.

Der Verstoß des Prinzen gegen das Selbstbestimmungsrecht

> „[Die bürgerliche Gesinnung] besteht in der Schätzung aller Menschen nach Verdienst und Persönlichkeit, nicht nach Herkunft; in der Schätzung der Persönlichkeit überhaupt. Der Mensch wird nicht mehr als Glied einer Korporation, vielmehr als freier und besonderer einzelner gedacht." (Kaiser, S. 42)

Zwar wird hier das bürgerliche Grundanliegen keineswegs als spezifisch bürgerlich vorgetragen, sondern erhält Allgemeinheitsanspruch, doch bei genauer Interpretation dieses Gedankenganges wird die politische Dimension deutlich. Der Prinz von Guastalla, der auf dem Weg der Erbfolge seine Herrschaftsfunktion, seinen Besitz und seinen politischen Einfluss erlangt hat, spielt seine Rolle weitgehend unabhängig davon, was er persönlich geleistet hat oder zu leisten imstande ist, der Bürger demgegenüber muss sich bewähren. Bei ihm kommt es auf seine individuellen Fähigkeiten an: auf sein Durchsetzungsvermögen, auf seine Leistungsfähigkeit und auf seine tatsächliche Leistung sowie auf seine Sittlichkeit im Sinne des Selbstbestimmungsrechts. Indem nun Empfindungen, Probleme und geistige sowie emotionale Fähigkeiten des Einzelnen in den Mittelpunkt von Tragödien gestellt werden, erfährt das Individuum gegenüber dem repräsentierenden Adligen und dem Herrscher eine ungeheure Aufwertung.

Das neue Selbstverständnis des Bürgertums

Lessings Überlegungen zum Trauerspiel

Der Aufwertung des Individuums folgt sowohl eine neue Bewertung des Zuschauers als auch eine veränderte Einschätzung der Zielsetzung des Trauerspiels. Schon 1756 fasst Lessing in einem Vorwort zu einer deutschen Übersetzung von J. Thomsons Trauerspielen einige Grundprinzipien des bürgerlichen Trauerspiels zusammen:

> „So wie ich unendlich lieber den allerungestaltesten Menschen, mit krummen Beinen, mit Buckeln hinten und vorne, erschaffen, als die schönste Bildseule eines Praxyteles gemacht haben wollte, so wollte ich auch unendlich lieber der Urheber des ‚Kaufmanns von London' [Drama von G. Lillo], als des ‚sterbenden Cato' [Trauerspiel von Gottsched] seyn, gesetzt auch, dass dieser alle die mechanischen Richtigkeiten hat, derenwegen man ihn zum Muster für die Deutschen hat machen wollen. Denn warum? Bey einer einzigen Vorstellung des ersten sind, auch von den Unempfindlichsten, mehr Thränen vergossen worden, als bey allen möglichen Vorstellungen des andern, auch von den Empfindlichsten, nicht können vergossen werden. Und nur diese Thränen des Mitleids, und der sich fühlenden Menschlichkeit, sind die Absicht des Trauerspiels, oder es kann gar keine haben." (Lessing Schriften, Bd. 7, S. 68)

Realismus als neues Prinzip

Menschlichkeit und Mitleid

Während hier also dem Trauerspiel Gottscheds, das in den Poetiken von Gottscheds Zeitgenossen als Muster für klassische Trauerspiele gesehen wurde, die Möglichkeit abgesprochen wird, emotional zu „rühren", wird dem Drama von Lillo eben diese Möglichkeit zugesprochen. Wesentlich ist also, dass das Trauerspiel den Zuschauer emotional ergreift, ihn zum Mitleiden zwingt:

> „Wenn es also wahr ist, dass die ganze Kunst des tragischen Dichters auf die sichere Erregung und Dauer des einzigen Mitleidens geht, so sage ich nunmehr, die Bestimmung der Tragödie ist diese: sie soll unsre Fähigkeit, Mitleid zu führen, erweitern. ... Der mitleidigste Mensch ist der beste Mensch, zu allen gesellschaftlichen Tugenden, zu allen Arten der Großmuth der aufgelegteste. Wer uns also mitleidig macht, macht uns besser und tugendhafter." (Lessing Werke, Bd. 17, S. 64 ff.)

Mitleid macht tugendhafter

Die erzieherischen Möglichkeiten der Tragödie

In diesem berühmten Brief an Friedrich Nicolai vom 13. November 1756 wird deutlich, welche großen Hoffnungen Lessing in die erzieherische Wirkungsmöglichkeit des Trauerspiels durch das Gefühl setzt.

In enger Anlehnung an Aristoteles definiert Lessing die Tragödie aus ihrer Wirkungsabsicht heraus: Die Tragödie soll ‚Leidenschaften' erregen, und zwar Furcht und Mitleid, zugleich aber soll – und dies klingt auf den ers-

Furcht und Mitleid

ten Blick wie ein Widerspruch – „*unser Mitleid und unsere Furcht durch das Mitleid und die Furcht der Tragödie gereinigt werden.*" (Lessing Werke, Bd. 6, S. 257) Lessing selbst erläutert, wie dieser Widerspruch im Zusammenhang mit der Reinigung (der Katharsis) zu lösen ist:

> „Da nemlich, es kurz zu sagen, diese Reinigung in nichts anders beruhet als in der Verwandlung der Leidenschaft in tugendhafte Fertigkeiten. ... Bei jeder Tugend aber ... sich diesseits und jenseits ein Extremum findet, zwischen welchem sie inne stehet: so muß die Tragödie, wenn sie unser Mitleid in Tugend verwandeln soll, uns von beiden Extremis des Mitleids zu reinigen vermögen; welches auch von der Furcht zu verstehen." (Lessing Werke, Bd. 6, S. 574)

Die Katharsis

Lessing will dementsprechend zwischen den Extremen vermitteln, bloßes tränenseliges Mitleiden kann ebenso wenig anerkannt werden wie geringe Empfindungsbereitschaft; übergroße Ängstlichkeit auch vor dem „Entferntesten" und dem „Unwahrscheinlichsten" (ebd.) ist ebenso falsch wie die absolute Furchtlosigkeit. Dabei gilt es zu beachten, dass erst die Furcht den Zuschauer wirkliches Mitleid empfinden lässt, denn „alles das finden wir mitleidswürdig, was wir fürchten würden, wenn es uns selbst bevorstünde" (S. 558). Indem der Zuschauer die Leidenschaften Furcht und Mitleid selbst erlebt, bewirkt die Reinigung der Leidenschaften, dass der Zuschauer sich seiner möglicherweise extremen Gefühle bewusst wird und zu starke oder zu schwache Empfindungen auf ein ideales Mittelmaß bringt.

Vermittlung zwischen extremen Gefühlen

Der Zuschauer und seine Empfindungen

Konsequent folgt aus der Annahme einer moralisch bessernden Wirkung des Trauerspiels, dass der Zuschauer sich mit den handelnden Personen identifizieren muss. Hierzu gehört, dass die Handlung sich aus den Lebenserfahrungen des Zuschauers entwickelt, dass die Begebenheiten der Sphäre der eigenen Erfahrungen entstammen.

Die Identifikation des Zuschauers mit den Dramenfiguren

> „Die Namen von Fürsten und Helden können einem Stücke Pomp und Majestät geben; aber zur Rührung tragen sie nichts bei. Das Unglück derjenigen, deren Umstände den unsrigen am nächsten kommen, muß natürlicher Weise am tiefsten in unsere Seele dringen." (Lessing, „Hamburgische Dramaturgie. 14. Stück", in: GW, Bd. 2, S. 388)

Damit schließt Lessing folgerichtig jene Tragödienhelden aus, die lange Zeit die Bühnen beherrschten:

> „Ich will nur diejenigen großen Eigenschaften ausgeschlossen haben, die wir unter dem allgemeinen Namen des Heroismus begreifen können, weil jede derselben mit Unempfindlichkeit verbunden ist, und Unempfindlichkeit in dem Gegenstande des Mitleids, mein Mitleid schwächt." (Ebd.)

Der mittlere, gemischte Charakter des Helden

Mit Aristoteles stimmt Lessing in der Forderung überein, dass der tragische Held einen ‚mittleren', einen ‚gemischten' Charakter besitzen müsse. Lessing verlangt eine „innere Mischung des Guten und Bösen in dem Menschen" (63. Literaturbrief), weder dürfe der Held ein ausgemachter Bösewicht sein noch ein Übermaß an Tugend aufweisen, da der Zuschauer in beiden Fällen sich nicht mit der tragischen Person identifizieren könne.

Der Held und seine Fehler

> „Unterdessen ist es doch wahr, dass an dem Helden eine gewisse ‚harmartia' [gr. Versehen, Irrtum, Fehler, Schuld] ein gewisser Fehler seyn muß, durchwelchen er sein Unglück über sich gebracht hat. ... [Die Ursach] ist diese: weil ohne den Fehler, der das Unglück über ihn zieht, sein Charakter und sein Unglück kein Ganzes ausmachen würden."
> (Brief an Moses Mendelsohn 18.12.1756, in: Lessing GW, Bd. 2, S. 1063)

> Ein Mensch kann sehr gut sein, und doch noch mehr als eine Schwachheit haben, mehr als einen Fehler begehen, wodurch er sich in ein unabsehliches Unglück stürzet, das uns mit Mitleid und Wehmut erfüllet, ohn im geringsten gräßlich zu sein, weil es die natürliche Folge seines Fehlers ist. („Hamburgische Dramaturgie. 82. Stück", Lessing GW, Bd. 2, S. 680)

Fasst man Lessings Grundideen zusammen, so wird deutlich, dass das Gefühl des Zuschauers eine zentrale Grundbedingung für die erzieherische Wirkung des Trauerspiels ist. Nicht der Verstand vermag die Verbindung von Kunst und Moral herzustellen, sondern nur die emotionale Verflechtung des Zuschauers in die Handlung. Dieser Idee haben sich alle Merkmale des Trauerspiels unterzuordnen. Das Ziel des Mitempfindens kann nur durch die Illusion, der eigenen Wirklichkeit auf die Spur zu kommen, erreicht werden.

„Emilia Galotti" auf der Bühne

> **„Emilia Galotti" auf der Bühne**
>
> → Die Uraufführung am 13. März 1772 fand im Rahmen der Geburtstagsfeier der Herzogin von Braunschweig statt. Die Herzogin hatte Lessing mehrfach gebeten, eine Tragödie für sie zu schreiben.
> → Nach der Uraufführung äußerten vor allem Höflinge ihre Empörung über die Thematik des Dramas und die Darstellung des Adels.
> → Vorsichtshalber hatte Lessing sich für die Aufführung entschuldigen lassen, angeblich wegen Zahnschmerzen. Zustimmung bekam das Drama eher aus dem bürgerlichen Lager.

Am 13. März 1772, ihrem 56. Geburtstag, sollte der Wunsch der Herzogin von Braunschweig, Philippine Charlotte, einer Schwester Friedrichs des Großen, in Erfüllung gehen: Immer wieder hatte sie Lessing gebeten, eine Tragödie für sie zu schreiben.

Das Drama als Geburtstagsgeschenk

> „Mit meinem neuen Stücke hätte ich vor, es auf dem Geburtstag unserer Herzogin, welches der 10te März [Lessing gibt hier ein falsches Datum an] ist, von Döbbelinen [= Theaterleiter] hier zum erstenmale aufführen zu lassen. Nicht Döbbelinen zu Gefallen, wie Sie wohl denken können, sondern der Herzogin, die mich, so oft sie mich noch gesehen, um eine neue Tragödie gequält hat." (Zit. nach: Hildebrandt, S. 346)

Tatsächlich fand termingerecht, obgleich Lessing erst Ende Februar den letzten Akt fertiggestellt hatte, die Uraufführung im Opernhaus, das zugleich Hoftheater war, statt. Die Uraufführung stand in der Programmfolge und dem aufwändig gestalteten Programmzettel in der Tradition höfischer Feste. Den Anfang des Abends bildete ein „Vorspiel in Versen ‚Diana im Hayne bey dem Feste der Musen' – Diana. Apollo. Die Musen. Das Gefolge des Apollo." Die Herzogin selbst erschien als die mythologische Figur der Diana auf der Bühne.

Die Uraufführung 1772

Wir können davon ausgehen, dass bei der Uraufführung die höfische Ordnung im Publikum, die streng dem hierarchischen Prinzip folgte, eingehalten wurde.

Die Sitzordnung im Theater

„Mitten gegenüber dem Bühnenraum … sitzt der Fürst, umgeben von seinem Hofstaat, der den ersten Rang ausmacht. Im zweiten Rang darüber befindet sich der Amtsadel und die absolutistische hohe Bürokratie, die Rotore, noch höher und weiter entfernt im dritten Rang das Bürgertum, soweit es ebenfalls auf den Hof ausgerichtet ist, nämlich die Finanz, die Hoflieferanten, die Hofhandwerker usw. Ganz unter Dach gibt es noch einen vierten Rang, die Galerie für die niedere Diener- und Lakaienschaft des Hofes und des Hofadels. Tief unten im Parterre aber, getrennt von allen Rängen, blickt die Menge, die in keiner Beziehung zum Hofe steht, aus ihrer Tiefe zu dem doppelten Schauspiel auf der Bühne und in den Rängen empor." (Hinrichs, S. 216 ff.)

Und tatsächlich hat Lessing seinem nichtadligen Publikum im Parterre ein doppeltes Schauspiel geboten. Schon vor der Aufführung war das Gerücht entstanden, dass Lessing im Prinzen von Guastalla auf den Erbprinzen und in der Orsina auf die Mätresse des Herzogs, die Gräfin Branconi, habe anspielen wollen. Diese Vermutung wurde gespeist durch die offensichtliche Anspielung auf das Porträt der ehemaligen italienischen Tänzerin Maria Antonia Pessina, die, geadelt als Gräfin von Branconi, als Mätresse an der Seite des Erbprinzen lebte, das die Malerin Anna Rosina des Gasc aus Braunschweig gemalt hatte: „Eine Sitzfigur en face mit hochtoupierter, gepuderter Perücke in einem duftigen, mit Schleifen besetzten Kleid" (Santini, S. 205).

Lessings Anspielung auf die Mätresse des Herzogs

Der Erbprinz ließ es sich dann auch nicht nehmen, „incognito da gewesen" zu sein, er hat „immer nachgelesen. Wenn er dadurch nur nichts von dem ungemein beredten Spiele der beiden vortrefflichen Weiber verloren hat!" (Zit. nach: Müller, Hrsg., S. 53)

Aufmerksam verfolgte das Publikum die Reaktionen des Hofes, „ein gemütlicher Abend kann diese Uraufführung am Braunschweiger Hoftheater kaum gewesen sein. Man stelle sich nur einmal die Szene zwischen dem Intriganten Marinelli und der zu allem entschlossenen Orsina … vor, man stelle sich den Aufschrei der Schauspielerin mitten hinein in die Geburtstagsstimmung des

Das Drama als Provokation

Hofes vor: ‚Der Prinz ist ein Mörder!'" (Hildebrandt, S. 354) Aber Lessing hatte sich schon vor der Aufführung auffällig vorsichtig abgesichert, indem er Anfang März an den Herzog Carl von Braunschweig-Wolffenbüttel schrieb:

Lessings Vorsicht

> „Ich weiß nicht, ob es überhaupt schicklich ist, an einem so erfreulichen Tag eben ein Trauerspiel aufzuführen; noch weniger weiß ich, ob Ew. Durchlaucht an diesem Tage nicht etwas ganz anders zu sehen wünschen könnten. Sollte dieses seyn: so ist es zu einer Abänderung noch immer Zeit; und falls Ew. Durchl. dem Döbbelin nicht unmittelbar Dero Willensmeynung darüber wissen zu lassen geruhen wollen: so erwarte ich nur einen Wink, um unter irgend einem leicht zu findenden Vorwande die Aufführung dieses neuen Stücks zu hintertreiben." (Lessing Schriften, Bd. 18, S. 22 f.)

Der Herzog hatte keine Einwände gegen das Stück, konnte wohl auch, ohne einen Hofskandal hervorzurufen, keine Einwände mehr erheben; zu weit waren die Vorbereitungen für die Geburtstagsfeier gediehen. Man stelle sich vor, das Stück wäre kurz vor der großen Feier, zu der zahlreiche Gäste geladen waren, abgesagt worden, welche Bedeutung hätte man dann möglicherweise einer politischen Dimension des Stückes zugesprochen! Vorsichtshalber hatte Lessing übrigens dem Herzog den 5. Aufzug nicht zum Lesen vorgelegt, obgleich er am 1. März seinem Bruder Karl den Schluss zugesandt hatte.

Lessing hält den 5. Aufzug zurück

Nach der ersten Aufführung kam – nicht zuletzt möglicherweise auch aus diesem Grund – das Gerücht auf, Lessing habe den Schluss geändert. Entrüstet schrieb er an seinen Bruder Karl: „Wer Dir gesagt hat, dass ich den Schluß meiner Tragödie geändert, der hat gelogen. – Was will man denn, das ich daran ändern soll?" (Lessing Schriften, Bd. 18, S. 40) Dies ist tatsächlich die zentrale Frage: Welchen Schluss kann man sich aufgrund der Vorgeschichte vorstellen?

Hat Lessing den Schluss geändert?

Die Höflinge waren nach der Aufführung z.T. empört: „Emilia bringt mich auf den Gedanken, unser Lessing breche es gar zu grün ab. Wer am Hofe lebt und vom Hofe abhängt, der muß sich weniger delicate themata wählen. Die Moral ist gar zu laut gepredigt, und die Ohren der großen sind immer zu zart, als dass sie so eindringende Töne, und Töne aus dem Dur, leiden könnten."

Empörung über das Drama

„EMILIA GALOTTI" AUF DER BÜHNE

Lessings Zahnschmerzen

Lessing hatte der Uraufführung nicht beigewohnt, denn „ich habe seit acht Tagen so rasende Zahnschmerzen, dass ich mich bey der eingefallenen strengen Kälte nicht herüber getraut habe." (Brief an seine spätere Frau Eva König vom 15.3.1772; zit. nach: Müller, Hrsg., S.53) Vielleicht waren es ja auch andere Gründe, aus denen heraus er sich nicht „herüber getraut" hat.

Einen Tag später begründet er seine Abwesenheit ein wenig anders: „Auch heute kann und mag ich das Stück noch nicht sehen. Kann nicht: weil ich krank bin. Mag nicht: weil mir der Kopf davon noch warm ist, und es mir erst wieder fremd werden muß, wenn mir das Sehen etwas nützen soll." (Brief an Ebert vom 16.3.1772; zit. nach: Müller, Hrsg., S.53) Hier also gibt er zu, dass nicht nur seine Krankheit, sondern auch sein subjektives Empfinden dem Drama gegenüber eine Rolle gespielt hat, es nicht auf der Bühne zu sehen.

Die Zurückhaltung gegenüber der politischen Dimension des Dramas

Beide Seiten, der Hof und Lessing, verhielten sich auffällig zurückhaltend, es scheint, als hätten beide Seiten die politische Dimension des Dramas ‚unter den Teppich gekehrt'. Ein Skandal hätte unter Umständen beiden geschadet.

Auch die Rezensionen des Dramas und die Briefe, die Lessing nach der Uraufführung erhielt, umgehen – bewusst oder unbewusst – das politische Thema. Nur in einer Fußnote verbirgt der Kritiker und Dichter Karl Wilhelm Rammler in seiner Rezension seine Deutung: „Wir hätten aber Lust, an die Spitze dieses Stücks jene königlichen Worte zu schreiben: Et nunc reges intelligite! erudimini, qui judicatis terram." (28.3.1772 in der „Berlinischen privilegirten Zeitung"; zit. nach Müller, Hrsg., S.60 [= Und nun gelangt zur Einsicht, ihr Könige! Lasst euch erziehen, ihr, die ihr über die Erde Richter seid!])

Das Drama als Spiegel der Verhältnisse am Hof

Lessing, „le singe", hatte dem Hof einen Spiegel vorgehalten, in dem erkennbar war, wer die eigentlichen ‚Affen' waren, Höflinge von der Sorte Marinellis. Zugleich war, wohl noch unbemerkt vom Hof, eine neue Plattform politischer Ideen entstanden: das Theater mit seiner neuen Form des bürgerlichen Trauerspiels.

Der Applaus bei der Uraufführung scheint sich, wie der folgende Bericht belegt, in Grenzen gehalten zu haben. Er kam wohl – wie auch bei den folgenden Aufführungen in Berlin, Hamburg und Wien – eher aus dem Parterre. Lessings Freund, J.A. Ebert, schreibt am 14.3.1772 über die Uraufführung:

> „Und ich kann nichts mehr sagen, als: O liebster, bester, unvergleichlicher Lessing! – Wie gerne wolle ich Ihnen meine Bewunderung, Rührung, und Dankbarkeit, die ich gestern bey der Vorstellung Ihres neuen Stücks empfunden habe, lebhaft ausdrücken! … Die Schauspieler haben fast alle mit einander meine Erwartungen weit übertroffen; … die Hohlen und die Schultzen haben ganz unverbesserlich schön gespielt. Die Méziere … hätte unmöglich besser spielen können. Selbst Döbbelin spielte seine Rolle mit wahrer Würde und mit einem theils fürchterlichen, theils rührenden Ernste. – Nachdem der Vorhang niedergelassen war, wurde von mir und einigen **Mitverschworenen** (sic!) dem glorreichen Verfasser zu Ehren geklatscht. Wenn er selbst zugegen gewesen wäre, **so hätte ich, glaube ich,** überlaut seinen mir unbeschreiblich süssen und wehrten Namen ausgeschrieen …. [Der Erbprinz] ist gestern incognito da gewesen, und hat immer nachgelesen. Wenn er dadurch nur nichts von dem ungemein beredten Spiele der beiden vortrefflichen Weiber verlohren hat! Gönnen Sie sich doch selbst bald das Vergnügen, sie zu sehen, als die geringste Belohnung für alles, das unaussprechliche Vergnügen, das Sie uns gemacht haben, o Shakespeare-Lessing." (Lessing Schriften, Bd. 20, S. 150 f.)

Applaus der „Mitverschworenen"

Literaturhinweise

Lessing, Gotthold Ephraim: Sämtliche Schriften. Hrsg. von Karl Lachmann. Stuttgart/Leipzig/Berlin 1886–1924 (zit. als: Lessing Schriften)
Lessing, Gotthold Ephraim: Werke. Hrsg. von J. Petersen [u.a.]. Berlin/Leipzig/Wien/Stuttgart o. J. (zit. als: Lessing Werke)
Lessing, Gotthold Ephraim: Emilia Galotti. Stuttgart: Reclam, 1994, durchgesehene Ausg. 2001
Lessing, Gotthold Ephraim: Gesammelte Werke. Hrsg. von W. Stammler. München 1959 (zit. als: Lessing GW)
Erläuterungen und Dokumente zu Gotthold Ephraim Lessing – Emilia Galotti. Hrsg. von Jan-Dirk Müller. Stuttgart: Reclam, 1978

Barner, Wilfried [u. a.] (Hrsg.): Lessing. Epoche – Werk – Wirkung. 4. Aufl. München 1981
Bauer, Gerhard: G. E. Lessing, „Emilia Galotti". München 1987
Dreßler, Thomas: Dramaturgie der Menschheit – Lessing. Stuttgart 1996
Fick, Monika: Lessing Handbuch. Leben – Werk – Wirkung. Stuttgart/Weimar 2000
Freyer, Hans: Einführung zu Niccolò Machiavelli, „Der Fürst". Stuttgart 1983
Gilow, Hermann: Daniel Chodowiecki über Lessing und das „leidige Idealisieren". In: Euphorion (1911) S. 91
Gottsched, Johann Christoph: Versuch einer Critischen Dichtkunst. 3. Aufl. Leipzig 1742 (Deutsche Dramaturgie vom Barock bis zur Klassik). Tübingen 1967
Guthke, Karl S.: Das deutsche bürgerliche Trauerspiel. Stuttgart 1972
Herder, Johann Gottfried: Journal meiner Reise im Jahr 1769. In: Sturm und Drang. Hrsg. von F. Nicolai. München 1971
Hildebrandt, Dieter: Lessing. Hamburg 1990
Hinrichs, Carl: Preußen als historisches Problem. Berlin 1964
Jörder, Gerhard: Blut und Honig. In: Die Zeit 41 (2001)
Kaiser, Gerhard: Aufklärung – Empfindsamkeit – Sturm und Drang. 4. Aufl. Tübingen 1991
Kosellek, Reinhart: Kritik und Krise. München 1969
Labroisse, Gerd: Emilia Galottis Wollen und Sollen. In: Neophilologus 56 (1972) S. 311–323
Müller, Peter: Glanz und Elend des deutschen „bürgerlichen Trauerspiels". In: H. Brandt [u. a.] (Hrsg.): Ansichten der deutschen Klassik. Berlin/Weimar 1981
Nagel, Ivan: Aufklärung über das „aufgeklärte Bürgertum". Kortner inszeniert Lessings „Emilia Galotti" in der Wiener Josefstadt. In: Theater heute 6 (1970) S. 33–37

Peter, Klaus: Stadien der Aufklärung. Wiesbaden 1980

Prutti, Brigitte: Bild und Körper. Weibliche Präsenz und Geschlechtererziehung in Lessings Dramen: „Emilia Galotti" und „Minna von Barnhelm". Würzburg 1996

Pütz, Peter: Die Leistung der Form. Lessings Dramen. Frankfurt/M. 1986

Sanna, Simonetta: Lessings „Emilia Galotti". Tübingen 1988

Santini, Lea Ritter (Hrsg.): Eine Reise der Aufklärer. Lessing in Italien. Wolfenbüttel 1993

Schmidt-Sasse, Joachim: Das Opfer der Tugend. Bonn 1983

Steinhauer, Harry: Die Schuld der Emilia Galotti. In: J. Schillemeit (Hrsg.): Deutsche Dramen von Gryphius bis Brecht. Frankfurt/M. 1965

Weigang, Hermann: Warum stirbt Emilia Galotti? In: Journal of English and German Philology 28 (1929)

Wessel, Uwe: Geschichte des Rechts. München 1997

Wyatt, Frederik: Das Psychologische in der Literatur. In: Psychologie in der Literaturwissenschaft. Hrsg. von Wolfgang Paulsen. Heidelberg 1971

Zedler, Johann Heinrich: Grosses vollständiges Universallexikon aller Wissenschaften und Künste. Leipzig/Halle 1735, Bd. 5

I II,4 Textanalyse mit weiterführendem Schreibauftrag

Aufgabenstellung
1. Analysieren Sie die Szene II,4.
2. Schreiben Sie einen Monolog Odoardos, nachdem er das Haus verlassen hat.

Vorüberlegungen zu Teil 1
Eigene Vorüberlegungen zu dieser Szene, falls keine weiterführenden Fragen gestellt werden:
1. In welchem Handlungszusammenhang steht diese Szene?
2. Lässt sich die Szene untergliedern (Sinnabschnitte mit Überschriften formulieren, möglichst schon als Inhaltsangabe anlegen)?
3. Was erfahre ich über die handelnden Personen und ihre Einstellungen?
4. Wie sprechen die Personen miteinander (Kommunikationssituation)?
5. Welche Funktion hat diese Szene im Gesamtkontext?

Vorüberlegungen zu Teil 2
1. Welche Gefühle und Ängste hat Odoardo im Gespräch nicht formuliert?
2. Welche Gefahren sieht er?
3. Wie beurteilt er seine Umgebung (s.o.)?
4. Welche sprachlichen Besonderheiten lassen sich bei Odoardo feststellen (s. Monologe im weiteren Verlauf)?

Ausführung zu Teil 1
Einordnung

- Szene gehört zur Exposition; im 1. Aufzug sind die Haltung und Einstellung des herrschenden Prinzen und seines engsten Beraters erkennbar; der 2. Aufzug zeigt den Gegenpol: die Familie Galotti.
- Überraschendes Eintreffen Odoardos; er vermutet Emilia beim „Putze" und sieht eine Gefahr darin, dass Emilia allein zur Kirche gegangen ist.
- Odoardo verkennt, dass die Gefahr im eigenen Haus lauert.

Gliederung der Szene: Zweiteilung

Gespräch über städtische Erziehung, Gefahren und Probleme des Lebens in der Stadt bzw. am Hofe – Dominanz von Odoardo, eher gutmütige Überlegenheit des Vaters – Wendepunkt zum Konflikt, der die vorher erwähnten Gefahren drastisch vor Augen führt (Prinz als Verführer)
Wendepunkt durch Claudias naive Darstellung des Zusammentreffens von Emilia und dem Prinzen und Odoardos Reaktion darauf

Personen und ihre Einstellungen

Odoardo
- misstraut dem Hof, lehnt höfisches Leben als verderbt (Prinz als Wollüstling) ab; verachtet Intriganten wie Marinelli;
- sieht es als bloßes Glück an, dass Emilia unbeschadet die Zeit überstanden hat;
- ist froh, dass Graf Appiani sich aufs Land zurückzieht;
- argwöhnt, dass Claudia nur Zerstreuung in der Stadt gesucht hat;
- glaubt, dass der Prinz ihn hasst;
- ist sprachlos, als Claudia ihm das Treffen mit dem Prinzen schildert;
- unterdrückt nur mühsam seinen Zorn über Claudias „Dummheit";
- bezeichnet Emilia als den „Ort, wo ... [er] am tödlichsten zu verwunden" ist und weist damit schon auf den katastrophalen Ausgang hin.

Claudia
- widerspricht Odoardo, indem sie sich für die städtische Erziehung vehement einsetzt;
- berichtet voll Stolz von dem Treffen des Prinzen mit Emilia, indem sie die „Schmeicheleien" des Prinzen wiederholt;
- zeigt kein Verständnis für Odoardos Haltung;
- scheint anfällig für das höfische Leben;
- wirkt außerordentlich naiv.

Im Hinblick auf den 1. Aufzug und die Vorkommnisse im eigenen Haus scheint Odoardos Misstrauen durchaus realistisch, Claudias Haltung dagegen unbedacht und oberflächlich. Odoardo weist auf das Grundproblem hin: „Du hättest mir das sogleich sollen gemeldet haben."
Verschweigen und Vertuschen als zentraler Fehler Claudias und Auslöser der Katastrophe (vgl. zweites Treffen mit dem Prinzen und Claudias Vorschlag, dieses Treffen zu verschweigen).

Gesprächsverlauf

Odoardo hat im ersten Teil großes Übergewicht, spricht selbstbewusst, in langen Sätzen, verwendet rhetorische Fragen, vermag aber im zweiten Teil nur noch bruchstückhaft Claudias Darstellung zu wiederholen; wirkt völlig verständnislos und entsetzt. Zum Schluss nur noch knappe, z. T. unvollständige Sätze, emotional (vgl. Zeichensetzung).
Claudia reagiert auf die Unterbrechungen und Wiederholungen Odoardos nicht, wirkt begeistert und daher „blind" für Odoardos Reaktion, lässt die Sätze unvollendet (Gedankenstriche) im Raum stehen.

Funktion

Zentrale Stelle, die im Hinblick auf das vorhergehende und das folgende Geschehen Odoardos grundsätzliches Gespür für die Gefahr bestätigt und Odoardos tiefe Verletzbarkeit zeigt, die letztlich auch zur Katastrophe führt.

Ausführung zu Teil 2

Odoardos Monolog
– kritisiert sehr emotional Claudias Tendenz zum Verheimlichen von Ereignissen und ihre Unfähigkeit, das höfische Leben zu beurteilen;
– weist auf Emilias Unerfahrenheit hin, das höfische Treiben zu durchschauen;
– spricht das Problem an, dass er Claudia die Erziehung von Emilia weitgehend überlassen hat;
– ist nur dadurch beruhigt, dass Emilia durch Appiani geschützt ist;
– äußert kurze Sätze, ist erregt (Zeichensetzung: Ausrufezeichen, Gedankenstriche);
– gerät zunehmend in Wut, aber auch in Angst (Wortwahl und Satzbau, z. T. Ellipsen).

II II,10 Textanalyse

Aufgabenstellung
Analysieren Sie den 10. Auftritt des 2. Aufzugs.

Lösung
Möglichkeit einer Gliederung
A) Einleitung
B) Hauptteil
1. Analyse
   a) Gliederung und Inhalt
   b) Situation des Gesprächs (z.B. Unter welchen Umständen findet das Gespräch statt? Atmosphäre, Ort, Zeitpunkt erfassen)
   c) Verhältnis der Gesprächspartner zueinander (gesellschaftliche Stellung? Funktion? Grundeinstellungen? offen – versteckt?)
   d) Ziele der Gesprächspartner (genannte und versteckte Ziele)
   e) Figurensprache (Sprache und Taktik, Sprache und Emotionen)
2. Deutung und Interpretation des Gesprächs

C) Schluss

A) Einleitung: knappe Einordnung in die Handlung
Nach Gesprächen mit Emilia und Claudia trifft Appiani auf Marinelli. Dieser hat offensichtlich einen Plan entwickelt, in dem der Mörder Angelo und sein Mittäter Pirro eine Rolle spielen. Pirro als Handlanger Marinellis kündigt dessen Kommen an.

B) Hauptteil
1. Analyse
a) Gliederung und Inhalt: Aufbau wie ein Drama im Kleinen (fünfteilig)
   Exposition: einschmeichelnde Begrüßung durch Marinelli, die durch Appiani kalt unterbrochen wird. Damit ist die Grundstimmung (Ablehnung, Kälte, verlogene Schmeichelei) gekennzeichnet.
   Steigende Handlung: Überbringen des Auftrags des Prinzen und zögernde Annahme durch Appiani
   Wendepunkt: Als die sofortige Abreise verlangt wird, lehnt Appiani ab; begründet dies ironisch damit, dass eine „Kleinigkeit" im Wege stehe, seine Hochzeit; steigert sich in wütende Ablehnung hinein, er wolle kein „Sklave" des Fürsten sein.

Retardierende Handlung: Scheinbar unwissend erfragt Marinelli, wen Appiani heiraten wolle. Als er erfährt, dass dieser Emilia heiraten will, weist er sarkastisch darauf hin, dass Emilias Eltern einem Aufschub sicherlich zustimmen würden, weil sie froh sein dürften, einen so hoch gestellten Ehemann für ihre „bürgerliche" Tochter gefunden zu haben.

Schluss: Hier kündigt sich die Katastrophe an. Appiani beleidigt Marinelli als „Affe" und fordert ihn zum Duell. Marinelli verlässt die Szene mit der drohenden Bemerkung: „Nur Geduld".

b) **Situation des Gesprächs**

Atmosphäre: keine ungebrochene Fröhlichkeit; Appiani ist „ungewöhnlich trübe und finster", hat sich überreden lassen, seine Heiratspläne dem Prinzen mitzuteilen (die dieser ja schon längst kennt). Claudia wiederum müsste bei dieser Mitteilung ein unangenehmes Gefühl überkommen, weil sie Emilia angehalten hat, Appiani nichts vom Treffen in der Kirche zu erzählen.

Marinelli dringt völlig überraschend und ohne Zögern in das Haus der Galottis ein, gibt sich unterwürfig, schmeichelt Appiani, scheint dessen Abneigung nicht wahrzunehmen.

c) **Verhältnis der Gesprächspartner zueinander**

Marinelli gibt sich zunächst als Untergebener des Prinzen („Überbringer"), zugleich bekundet er seine „ergebenste" Freundschaft mit Appiani; diese Freundschaft betont er mehrfach. Appiani weist die Anbiederung ironisch zurück. Nimmt allerdings den Auftrag des Prinzen als Gesandter an, damit beweist er, dass er das ländliche Dasein eher aus Mangel an Aufträgen bevorzugt. Appiani betont, dass er Marinelli gesellschaftlich überlegen ist, weil er dem Prinzen nicht gehorchen muss.

Marinellis Selbstsicherheit im Gespräch resultiert aus seiner Gewissheit, dass seine Pläne so oder so Erfolg haben werden; der Mordplan ist schon längst gefasst. Als er bemerkt, dass Appiani wegen Emilia ablehnt, verhöhnt er Emilias Familie und auch Appiani, indem er ironisch auf das gesellschaftliche Missverhältnis hinweist: „Die guten Eltern werden es so genau nicht nehmen." Damit stachelt er Appianis Hass an; umso genüsslicher kann er seine Rache an Appiani planen.

d) **Ziele der Gesprächspartner:** Genanntes Ziel ist die Beauftragung Appianis; verstecktes Ziel ist, Appiani von Guastalla wegzulocken. Dieser geheime Plan hat eine Variante: die Ermordung Appianis. Fraglich ist, ob Marinelli diesen Plan bevorzugt, da er Appiani als Feind (möglicherweise auch als Konkurrenten am Hofe) sieht. Appiani wird von dem Gespräch überrascht; erst in dessen Verlauf entwickelt sich sein Ziel, Marinelli als lächerliches Hofmännchen, als Affen zu entlarven. Dieses Ziel erreicht er, verkennt allerdings (wie Odoardo) die Macht des Hofes.

e) **Figurensprache:** Höfische Floskeln werden v. a. von Marinelli verwendet. Er schmeichelt zunächst, wird dann jedoch unverschämt, indem er die Lie-

besheirat zynisch als „Zeremonie" abtut und Appiani als „zärtlichen Bräutigam" charakterisiert. Appiani reagiert zunächst ironisch abweisend, zunehmend aber aggressiv und sarkastisch, beleidigt Marinelli („hämisch ist der Affe"), wertet ihn ab (Duell als Spaziergang mit ihm).
Häufung von Ellipsen, Ausrufen und rhetorischen Fragen; Wiederholungen der Aussagen des anderen.

2. Deutung und Interpretation des Gesprächs

Das Gespräch zeigt Marinellis Heimtücke, zugleich macht es deutlich, dass Marinelli (vgl. auch Hinweis des Prinzen: „Dass Sie … ihn nicht leiden können") Appiani hasst und ihn in die Falle locken will. Möglicherweise hat Marinelli verhindert, dass Appiani am Hof Fuß fassen konnte. Appiani dagegen genießt seinen Triumph, Marinelli gesagt zu haben, was er von ihm denkt. Appiani kann jedoch nicht ahnen, dass er von Emilia hintergangen wird, dass der Prinz Emilia verführen will, dass schon die Mörder bereit stehen. Er überschätzt sich, weil ihm wesentliche Informationen vorenthalten wurden, er unterschätzt Marinellis Rache.

Das Gespräch ist mit einem Duell gleichzusetzen, beide Gegner lauern auf eine Gelegenheit, den anderen zu treffen. Appiani jedoch ist ohne hinreichende Deckung, weil er nicht einmal ansatzweise die Gier des Prinzen nach Emilia kennt, damit auch die Triebfeder Marinellis verkennt, der seinem Herrn diesen Erfolg verschaffen und Appiani damit vernichten will.

C) Schluss

Die Schlussszene besiegelt das Schicksal von Appiani, der die tatsächliche Motivation für den Antrag des Prinzen nicht kennt, ja sogar erfreut darüber ist, dass er Marinelli beleidigt hat und nun auch dem Prinzen seine Heirat nicht ankündigen muss.

III III,5 Textanalyse mit weiterführendem Schreibauftrag

Aufgabenstellung

1. Analysieren Sie die 5. Szene im 3. Aufzug.
2. Beurteilen Sie im Hinblick auf das gesamte Drama Kortners Interpretation des Prinzen: „Der Prinz verbreitete um sich keine Aura von Schrecken und Pracht, er war eher ein melancholischer Leichtfuß, sympathisch nachlässig. ... Bei dem Diener ruft er ob seiner jähen, liebenswürdigen Ungezwungenheit ein ständiges Kopfschütteln hervor." (H. Karasek in: „Die Zeit", 25. 9. 1970)

Lösung

A) Einleitung (Einordnung in den Handlungsverlauf)

Emilia hat gerade erfahren, dass sie sich im Lustschloss des Prinzen befindet; Marinelli heuchelt ihr vor, dass der Prinz sich persönlich um ihre Mutter kümmere und sicherlich sogleich mit ihr eintreffen werde, zudem schickt er Battista fort, angeblich um nach den „geliebten Personen" zu suchen, um die „Emilia sich so viel zärtliche Angst" macht.

B) Hauptteil

(Die Untersuchungsschwerpunkte Handlung, Sprache, Ort, Figurenkonstellation werden in dieser Lösung in Form einer Synthese zusammengeführt, das heißt, die einzelnen Elemente werden miteinander verknüpft und nicht nacheinander behandelt!)

- Der Prinz tritt mit gespielter Sorge aus den Nebengemächern des Schlosses in den Vorsaal.
- Während Emilia sich an einem völlig unbekannten Ort befindet, genießen Marinelli und der Prinz deutlich Vorteile in den vertrauten Räumen.
- Emilia ist entsetzt, dass der Prinz ohne ihre Mutter erscheint.
- Seine gespielte, sorgenvolle Unruhe spiegelt sich in seinen kurzen, z. T. unvollständigen Sätzen wider, die er bewusst einsetzt.
- Scheinbar durch Emilias Unversehrtheit beruhigt, versucht er, Emilias Sorge um den Grafen und ihre Mutter durch eine Lüge zu zerstreuen.
- Im Hintergrund lauert Marinelli, als wolle er überprüfen, ob der Prinz seine Rolle, „die Kunst zu gefallen, zu überreden, – die einem Prinzen, welcher liebt, nie fehlt", erfolgreich spielt.

- Emilias instinktive Ahnung, dass der Prinz etwas verhehlt, versucht dieser mit einer höfischen Geste (Anbieten des Armes) zu überspielen; er fordert Emilia zudem auf, ihm in die Nebengemächer zu folgen.
- Nach dem Erlebnis am Vormittag müsste Emilia dieses Angebot energisch zurückweisen, doch sie zögert und wiederholt angstvoll ihre Sorge um die Mutter und den Grafen.
- Aber auch der Prinz vermag Emilia nicht „zu überreden"; der Rat, die „Schreckensbilder" rasch zu vergessen, zeugt von wenig Einfühlungsvermögen.
- Emilia gerät zunehmend in Panik, sie fragt den Prinzen völlig hilflos – „die Hände ringend" –, was sie tun solle. Hier zeigt sich, dass Claudias Erziehung Emilia nicht in die Lage versetzt hat, resolut und selbstbestimmt zu handeln; ausgerechnet den Prinzen bittet sie um Rat.
- Auch der Prinz wirkt verstört, wenn er Emilias flehentliche Bitte missversteht und fragt: „sollten sie einen Verdacht gegen mich hegen?" Diese unvermittelte Frage, die keinerlei Begründung in Emilias Bitte hat, ist nur dann verständlich, wenn man ihm ein außerordentlich schlechtes Gewissen unterstellt.
- Emilia wird von diesem Vorwurf des Prinzen so aus der Fassung gebracht, dass sie nur noch zu stammeln vermag: „zu Ihren Füßen, gnädiger Herr" und „niederfällt". Damit hat sie sich völlig in die Hände des Prinzen begeben.
- Der Prinz gewinnt durch diese unterwürfige Geste sein Selbstbewusstsein zurück, hebt Emilia auf, setzt damit also die körperliche Berührung vom Morgen fort und findet seine Souveränität zurück, auch sprachlich, denn er dominiert sprachlich den letzten Teil der Szene: Wechsel von der höflichen Anrede „Fräulein" zum vertrauten „Emilia"; Ich-Bezogenheit (gehäufte Verwendung des Personalpronomens „ich"); differenzierte Wortwahl, Wortspiele (rechtfertigen/entschuldigen; anhören, oder vielmehr nicht anhören); verschachtelte Satzperioden mit Verwendung des Konjunktivs II (wiederholte Verwendung des Irrealis „könnt ich"); die Aussage „könnt ich schon diesen Zufall für den Wink eines günstigen Glückes erklären" enthält die Lüge, das Ereignis sei ein Zufall; Verwendung des rhetorischen Mittels der Wiederholung zur Verstärkung („Nur kränke mich"; „Nur zweifeln Sie", „Nur falle Ihnen nie bei").
- Die sprachlichen Mittel deuten darauf hin, dass der Prinz die Kunst der höfischen Rhetorik wiedergefunden hat und anwendet.
- Das Gespräch entwickelt sich zunehmend zu einem Monolog des Prinzen; es beginnt mit Beschwichtigung und Entschuldigung sowie Bitte um Verzeihung; es folgen der Hinweis auf Emilias Reaktion in der Kirche („nicht anhören"), die als „Strafe" empfunden wird, die Darstellung des Überfalls als „Zufall", der das „Glück" eines Wiedersehens ermöglicht und als „Wink eines günstigen Glückes" empfunden wird; die
- Versicherung, dass nur Emilias Wille zähle; der Übergang zu vorwurfsvoller

Aussage („nur kränke mich nicht Ihr Misstrauen"), die schließlich mit Drohung endet („nur falle Ihnen nie bei, dass Sie eines andern Schutzes gegen mich bedürfen!").
- Schließlich führt der Prinz Emilia gegen ihren Willen und unter Anwendung von Gewalt in seine Gemächer; verspricht ihr zudem zynisch „Entzückungen", die Emilia sicher mehr zusagen würden.
- Der Prinz fordert Marinelli auf zu folgen, doch folgt dieser nicht, da er weiß, dass der Prinz Emilia ungestört „sprechen" will.

C) Schluss – Wertung der Kortner-Interpretation

- Der Prinz übt psychische und physische Gewalt gegenüber Emilia aus;
- er droht ihr;
- hintergeht sie und verschleiert den mörderischen Überfall;
- hat Emilia in der Kirche belästigt und ist handgreiflich geworden;
- wendet Gewalt an, um Emilia in seine Gemächer zu „führen";
- ist mit allen Mitteln bestrebt, Emilia gegen ihren und den Willen des Vaters festzuhalten;
- verhält sich gegenüber Orsina herablassend und rücksichtslos.
- Der Prinz agiert gegenüber seinen Untertanen skrupellos (Todesurteil);
- missbraucht seine Macht;
- lässt sich von Marinelli manipulieren und überlässt ihm die Planung, obgleich er wissen muss, dass Marinelli brutal vorgehen wird;
- verrät schließlich Marinelli, indem er ihm alle Schuld zuschiebt.

Kortners Charakterisierung des Prinzen ist im Hinblick auf die oben zusammengestellten Handlungen falsch: Der Prinz verstößt gegen zentrale Ideen von Recht und Fürsorge gegenüber seinen Untertanen, er ist skrupellos und gewalttätig, verfolgt seine Pläne mit Heimtücke, spricht ohne Mitleid und Bedenken ein Todesurteil aus, er verhält sich gegenüber Emilia und der Gräfin Orsina rücksichtslos und ohne Gefühl.

IV V,3 und 4 Gestaltende Interpretation

Arbeitsanweisung
1. Erarbeiten Sie die Situation, in der dieses Gespräch (V,3) stattfindet, und erklären Sie Odoardos Verhalten und seine Situation.
2. Verfassen Sie einen Dialog Marinellis mit dem Prinzen, der stattfindet, während Odoardo seinen Monolog hält (V,4).

Vorüberlegung
zu **Aufgabe 1**: Situative Einordnung der Szene (psychische Situation der Handelnden, Ziele und Konflikte, Handlungsperspektiven) und Darstellung von Odoardos Situation

zu **Aufgabe 2**: Dialog im Nebenraum, während Odoardo seinen Monolog hält

Lösung

Aufgabe 1:

Allgemeine Situation zu Beginn des 5. Aufzugs
- Rückkehr Odoardos in das Lustschloss, Abfahrt von Orsina und Claudia;
- Odoardo wird beobachtet vom Prinzen und Marinelli;
- unterschiedliche Deutung von Odoardos Verhalten;
- Marinelli glaubt, dass Odoardo bei der Rückkehr ins Schloss „untertänigst" reagieren werde;
- der Prinz skeptisch; befürchtet, dass Odoardo seine Tochter aus dem Machtbereich des Prinzen in ein Kloster bringen könnte;
- Monolog Odoardos: ruft sich zur inneren Ruhe auf, hat Orsinas Beweggründe, ihm den Dolch zu überlassen, durchschaut;
- hält seine Tochter für schuldig und will dem Prinzen den „Genuss" verderben;
- Rachegedanken; es geht Odoardo um Genugtuung, nicht um den Schutz Emilias.
- Marinelli hat höchstwahrscheinlich während Odoardos Monolog (V,2) weitergehende Pläne abgesprochen, um Emilia in die Stadt zu bringen.

Situation im 3. Auftritt, 5. Aufzug
- Marinelli kommt, um Odoardos Pläne herauszufinden;
- heuchelt Anteilnahme und fragt, wo er so lange geblieben sei, so, als habe man ihn vermisst.
- Odoardo antwortet und reagiert konzentriert und fast untertänig;
- hat sich dazu aufgerufen, „noch kälter" zu werden.
- Sätze sind militärisch knapp, mit höfischen Floskeln im Konjunktiv I („er verzeihe", „der Prinz vergönne");
- zum Ende des Gesprächs aber nimmt die Verwirrung wieder zu, erkennbar an den gehäuften Fragen und dem emotionalen Ausbruch (Wiederholung und Ausrufezeichen).
- Odoardo hat nicht damit gerechnet, dass sein Wunsch nicht erfüllt wird, über Emilias Schicksal allein zu bestimmen.
- Er durchschaut das Machtspiel nicht, glaubt, die Fäden in der Hand zu haben;
- hat den Prinzen schon früh als „Wollüstling" durchschaut;
- unterschätzt jedoch dessen Gewaltpotential;
- verkennt die Skrupellosigkeit des Prinzen, wenn er glaubt, dass den Prinzen Erinnerungen an sein Verbrechen „martern" könnten.
- Marinellis Satz „erwägen Sie doch nur" lässt schon den Ansatz eines weitergehenden Planes erkennen;
- dieser rätselhafte Satz versetzt Odoardo in Wut, später bringt er ihn zum Nachdenken über seine eigene Ungeduld.

4. Auftritt, 5. Aufzug – Monolog Odoardos
- zeigt Verwirrung, kann kaum einen klaren Gedanken fassen;
- versucht sich die Machtverhältnisse zu vergegenwärtigen;
- glaubt an seine Stärke (überschätzt sich);
- Aufblitzen einer revolutionären Idee: Missachtung der Gesetze (durch den Prinzen) ist vergleichbar mit Gesetzlosigkeit (so weit würde Odoardo allerdings niemals gehen – vgl. Einhaltung von Höflichkeitsformeln);
- verächtliche Abwertung von Marinelli („Hofschranze"), zugleich aber
- Verärgerung über den eigenen „Zorn", der verhindert hat, den Vorwand zu erfahren, „warum (Emilia) wieder nach Guastalla soll".

Aufgabe 2: Dialog zwischen dem Prinzen und Marinelli (während Odoardos Monolog)

Was ist zu beachten? Wie ist der Dialog sprachlich, emotional und situativ zu gestalten? An welchen vergleichbaren Situationen kann man sich orientieren?

Der Dialog darf nur so lange „dauern", wie Odoardos Monolog (V,4) dauert!
- Vgl. Dialoge I,6; III,1; V,1: Marinelli ist der aktivere, skrupellosere, gerissenere Akteur;
- er reagiert sehr schnell auf Situationen;
- vermag zu überzeugen, hat den Prinzen „im Griff", da er seine Schwächen kennt;
- ist über alle Geschehnisse gut informiert;
- ist völlig emotionslos;
- will den Prinzen weiter an sich binden, um die eigene Position am Hof zu halten (unter Umständen wäre Appiani ein gefährlicher Gegenspieler gewesen, wenn dieser Marinellis Charakter besessen hätte!).

Zunächst wird Marinelli knapp die Haltung und Verfassung von Odoardo darstellen.

Er darf nicht zugeben, dass er sich getäuscht hat in Odoardos Unterwürfigkeit (Hinweis auf Odoardos höfliche Frage, ob er noch so lange bleiben könne, bis die Kutsche angekommen sei – ironischer Kommentar von Marinelli). Der Prinz wird Marinellis vorläufigen Misserfolg sarkastisch kommentieren, dann aber eingestehen, dass er angewiesen ist auf Marinellis Ideen.

Grundsätzlich wird in diesem Dialog zu beantworten sein, was Marinelli mit seinen Worten gegenüber Odoardo („erwägen Sie doch nur") andeutet, dass es nämlich nachvollziehbare Gründe gibt, Emilia nach Guastalla zu bringen. Diese Frage wird von Marinelli gegenüber dem Prinzen präzisiert: Es sei deshalb erforderlich, Emilia nach Guastalla zubringen, weil Zeugenaussagen im „Mordfall Appiani" eingeholt werden müssten.

Das Gespräch wird sprachlich geprägt von Marinellis argumentativer Dominanz und den verunsicherten Nachfragen des Prinzen.

Bei der schriftlichen Ausführung des Dialogs gilt es, die gehäuft verwendeten Satzzeichen und rhetorischen Elemente zu beachten (Gedankenstriche, Interpunktion usw.).

V Darstellung und Bedeutung der bürgerlichen Familie: Erörterung

Aufgabenstellung

Untersuchen Sie die Darstellung und die Bedeutung der bürgerlichen Familie in Lessings Drama „Emilia Galotti".

Stoffsammlung

- Definition der „bürgerlichen Familie"? Wer steht im Gegensatz zu ihr?
- Wodurch grenzt sich die „bürgerliche Familie" vom Adel ab?
- Wie sehen die Werte und Normen der Familie aus?
- Worin zeigen sich diese Werte und Normen? Welche Probleme werfen sie auf?
- Welche Funktion hat die bürgerliche Familie?
- Woran scheitert sie im Drama?
- „Emilia Galotti" als „bürgerliches Trauerspiel"

Lösung
Durchführung mit Gliederung

A) Einleitung
Das bürgerliche Trauerspiel „Emilia Galotti" von Lessing konfrontiert bürgerliche Werte mit denen des Adels. Dabei ist die Standeszugehörigkeit weniger bedeutsam als die Charaktereigenschaften und Einstellungen der handelnden Personen.

B) Hauptteil
1. Die Galottis als Bürger – Der Berufsstand Odoardos (Offizier) und das Vermögen der Galottis (2 Häuser) kennzeichnet sie als durchaus gut situiert. Die Familie ist nach außen intakt (Eltern, Tochter, Verlobter), lebt allerdings weitgehend getrennt (Odoardo auf seinem Landgut, Claudia und Emilia im Stadthaus), was offensichtlich zu mehrfachen Auseinandersetzungen geführt hat. Appiani, Emilias Verlobter, ist zwar adlig, vertritt aber die bürgerlichen Werte und Normen. Aus diesem Grund schätzt Odoardo den Grafen fast wie seinen eigenen Sohn!

a) **Odoardo**, Emilias Vater, präsentiert sich als patriarchalischer Tugendwächter, glaubt die Welt zu durchschauen, agiert mit Misstrauen und ständiger Unruhe (trotz gegenteiliger Äußerungen). Sein Misstrauen verhindert Offenheit in der Familie (Ursache der Katastrophe). Er misstraut dem Adel, verfügt aber über wenig differenzierte Menschenkenntnis, weil seine Prinzipienstarre sein Blickfeld verengt (falsches Bild seiner Tochter, durchschaut die Intrigen nicht, glaubt sich Marinelli überlegen, schätzt Orsina falsch ein).

b) **Claudia** hat sich im Hinblick auf die Erziehung gegenüber Odoardo durchgesetzt, ist zentrale Bezugsperson für Emilia (diese unterwirft sich widerspruchslos dem Rat der Mutter). Sie ist stolz auf die „Erfolge" ihrer Erziehung und auf ihre Tochter, ist daher anfällig gegenüber den „Schmeicheleien" und Annäherungen des Prinzen. Erziehung bedeutet für sie, Emilia auf die Rolle in der Gesellschaft vorzubereiten (gesellschaftliche Auftritte, Auftrag des Bildes, Akzeptanz adliger Konventionen, Suche eines Ehemannes). Ihr bürgerlicher Aufgabenbereich (Haus, Personal, Erziehung, gesellschaftliche Verpflichtungen in der Stadt usw.) schärft ihren Blick für die pragmatische Einschätzung der Wirklichkeit, allerdings versagt auch sie im entscheidenden Moment, weil sie die familiäre Hierarchie (der Ehemann ordnet an) nicht zu durchbrechen wagt. Sie ist die Person, vor der der Prinz Respekt hat und sich zurückzieht. Sie durchschaut die Intrige (offensichtlich hat ihre höfische Erziehung Erfolg gehabt!).

c) **Emilia** – Die Erziehung hat augenscheinlich ihre „Mündigkeit" verhindert. Sie ist weder in der Lage, ihre bürgerlichen Werte durchzusetzen, noch ist sie fähig, höfische Intrigen zu durchschauen: sie gehorcht, sie reagiert, sie entschuldigt (etwa das Verhalten ihres Vaters und Appianis), sie leistet keinen wirkungsvollen Widerstand (in der Kirche, im Schloss) und ist völlig hilflos im Umgang mit dem Prinzen. Ihre bürgerlichen Wertvorstellungen von Vertrauen, Ehrlichkeit, Rücksicht und Anstand versagen vor der höfischen Raffinesse. Schließlich erfleht sie ihren Tod, weil sie keinen realistischen Ausweg sieht.

d) **Appiani** gehört formal zum Adel, will sich aber vom Hof abwenden und nähert sich bürgerlichen Wertvorstellungen an: er heiratet offensichtlich aus Liebe (nicht aufgrund von höfischen Interessen), will sich in die Natur (als Gegenpol zum intriganten Hoftreiben) zurückziehen, verachtet höfische Verlogenheit. Er hat sich so weit von der höfischen Denkweise entfernt, dass er die Macht und das Gewaltpotential des Hofes unterschätzt. Allerdings ist er durchaus nicht abgeneigt, für den Prinzen zu arbeiten. Ist seine Naturverbundenheit also nur ein Selbstbetrug, um das Scheitern am Hof zu überspielen?

2. Funktion der bürgerlichen Familie

Zunächst ist die Familie Schutzraum gegenüber der Außenwelt. Die bürgerlichen Tugenden (u. a. Anerkennung der Autorität des Familienvaters, Gehorsam, Frömmigkeit, Ehrlichkeit, Fleiß, Pflichtbewusstsein, Vernunftdenken und vernünftiges Handeln, gegenseitige Achtung usw.) bilden einen moralischen Gegenpol zu den als unmoralisch empfundenen Vorstellungen des Adels. Das private Leben in der Familie ist in seiner Intimität der Schutzwall vor der Unmoral des Adels.

3. Die Familie scheitert daran,

- dass sie die Gefahr im eigenen Hause (Pirro) nicht erkennt (möglicherweise Claudias Unaufmerksamkeit gegenüber der Einstellung des Personals),
- dass Odoardo ein fest gefügtes Feindbild hat, das ihn daran hindert, sensibel zu beobachten; zudem scheint er sehr selten zu Hause zu sein,
- dass Odoardo seine Position überschätzt (Gespräch mit dem Prinzen), indem er glaubt am Hof gleichberechtigt agieren zu können,
- dass er gegenüber seiner eigenen Tochter misstrauisch ist (nur so kann Orsinas „Gift" wirken),
- dass er keinerlei Schwäche zeigen will, um seine Autorität nicht zu untergraben.

C) Schluss

Das neue Selbstbewusstsein des Bürgertums drückt sich im „bürgerlichen Trauerspiel" aus. Das Bürgertum ist damit nicht nur das angesprochene Publikum, sondern seine Werte und Normen werden durch die Darstellung auf der Bühne „gesellschaftsfähig". Allerdings zeigt Lessing auch das Scheitern des Bürgertums, weil sein neu gewonnenes Selbstbewusstsein (Odoardos und Appianis Abwendung vom Adel) noch nicht hinreichend durch kritische Reflexion kontrolliert ist.

VI V,5 Textanalyse

Aufgabenstellung
1. Untersuchen Sie die Szene V,5 unter besonderer Berücksichtigung des Gesprächsverlaufs und des Verhaltens der Protagonisten.
2. Erarbeiten Sie die Gründe für das Scheitern Odoardos.

Lösung

Aufgabe 1:

A) Einleitung – Einordnung in den Kontext
Genannt werden sollten:
Emilias Entführung in die Nebengemächer; Gräfin Orsinas Verleumdung (Emilia sei am Überfall mitschuldig, sie habe ein Liebesverhältnis mit dem Prinzen); Information über das Treffen Emilias mit dem Prinzen, über den Tod Appianis; Übergabe des Dolches an Odoardo, damit dieser seine (und insgeheim vor allem ihre) Ehre rächen könne.
Odoardos Selbsteinschätzung, Emilia allein aus dem Machtbereich des Prinzen holen zu können; Rückkehr von Orsina und Claudia in die Stadt.

B) Hauptteil – Aufbau des Gesprächs

1. Begrüßung und Eröffnung
- Überfreundlicher, schmeichelnder Empfang des Prinzen – jedoch Verdeutlichung der wahren Machtverhältnisse durch Anrede: „mein lieber, rechtschaffner Galotti";
- Zynismus des Prinzen: „um ein Geringeres tun Sie es nicht" (Geringeres = Unglück, tatsächlich aber Mord);
- kühle, beherrschte Reaktion Odoardos, sucht dem höfischen Ton zu genügen („Gnädiger Herr", „bitte ich um Verzeihung"); will zeigen, dass er den Gesprächspartnern ebenbürtig ist, unterstreicht unbemerkt die wahren Machtverhältnisse, indem er sich auf das Ritual (Anrede, Entschuldigung) einlässt.
- Dominanz des Prinzen in der Gesprächsführung, schmeichelt Odoardo erneut, um vorwurfsvoll die „Entfernung" der Mutter anzusprechen; kritisiert (fast kindlich beleidigt) die Schmälerung seines Erfolgs, Mutter und Tochter im ‚Triumph' zur Stadt zu führen.

2. Die überraschende „Wende"
- Odoardo begründet die Absicht, Emilia nicht in die Stadt zurückkehren zu lassen, mit floskelhafter Unterwürfigkeit und gestelztem höfischen Tonfall, er wolle ihr „mannichfaltige Kränkungen" ersparen (vermutet Odoardo, dass Orsina das Gerücht der Liebesbeziehung zwischen dem Prinzen und Emilia verbreiten wird? Ist es eher eine Kränkung für ihn als Vater?).
- Scheinbar beschwichtigend sucht der Prinz Odoardos Bedenken zu zerstreuen.
- Odoardo spielt sich als patriarchalischer Vater auf, der wisse, was seiner Tochter (die in seinen Augen ein verkommenes Spiel spielt) angemessen sei: die „Entfernung aus der Welt" in ein Kloster.
- Völlig überraschende Wende durch die unvermutete Zustimmung des Prinzen, Emilia dahin zu bringen, wohin der Vater wolle.

3. Marinellis Schachzug – Höhepunkt und Wendepunkt der Szene
- Behauptung, Freund Appianis gewesen zu sein, dessen letzte Worte „Marinelli" gewesen seien, daher besondere Verpflichtung den Mörder zu finden;
- Äußerung des Verdachts, dass ein „Nebenbuhler" den Überfall begangen habe, daraus ergebe sich die Notwendigkeit, Emilia zu verhören,
- und zwar in Guastalla; zudem müsse sie von den Eltern getrennt werden, solange die Untersuchung daure.

4. Das Machtwort des Prinzen
- Scheinbar von Marinelli überzeugt, greift der Prinz wortreich in das Gespräch ein, spricht davon, Emilia in „besondere Verwahrung" zu bringen.
- Odoardos heimlicher Griff zum Dolch wird durch schmeichelnde Worte des Prinzen sofort zunichte gemacht (Untertanenmentalität zeigt sich).
- Der Prinz erläutert, dass er Emilia „die alleranständigste" Unterkunft zugestehe, und zwar im Hause der Grimaldis, jenem Hause, in dem Emilia dem Prinzen zuerst begegnet ist.
- Odoardo erfasst die Gefährdung Emilias, bittet darum, sie einzukerkern.
- Der Prinz spricht ein Machtwort, Emilia in das Haus seines Kanzlers zu bringen.

5. Odoardos letztes Aufbäumen
- Odoardo ist vom Verlauf des Gesprächs völlig entsetzt, vermag kaum zu folgen, erkennt plötzlich, dass er seine Tochter vorerst nicht sehen soll;
- um dies zu erreichen, stimmt er allem zu;
- der Prinz glaubt, Odoardo für sich gewonnen zu haben, und hofft in Odoardo einen „Freund, Führer, Vater" finden zu können.

Der **Gesprächsverlauf** zeigt das abgekartete Spiel deutlich; zunächst wird Odoardos Wunsch nachgegeben, dann scheinen juristische Bedenken aufzukommen, eine gewissenhafte Untersuchung wird vorgegeben, die es notwendig mache, Emilia zunächst zu isolieren. Der Prinz greift ein, um die Härte der Untersuchung abzumildern und seine Großzügigkeit zu beweisen, indem er Emilia das beste Quartier anbietet – tatsächlich aber, um Emilia in Abhängigkeit und seiner Gewalt zu behalten. Odoardo durchschaut dieses Spiel nur ansatzweise, da er glaubt, dass Emilia den Prinzen liebt.

C) Schluss

Diese zentrale Szene lebt weniger von der Handlung als von der Brillanz der raschen, überraschenden und skrupellosen Gesprächsführung der adligen Gesprächspartner und der immer deutlicher in Hilflosigkeit versinkenden Reaktionen von Odoardo.

Aufgabe 2:

Odoardos Scheitern
- Er unterschätzt die Skrupellosigkeit des Adels, glaubt zwar die Schlechtigkeit der Gesellschaft zu kennen, durchschaut aber weder Orsinas wirkliche Absichten noch die Intrige des Hofes, die sich in diesem Gespräch abzeichnet;
- verkennt zudem die Durchsetzungsfähigkeit seiner Frau und die hohen moralischen Ansichten seiner Tochter (wohl deshalb, weil sie Frauen sind!);
- unterschätzt seine Umwelt und überschätzt die eigenen Fähigkeiten. Im Gespräch wird Odoardo immer wieder überrascht, weil er nicht gewohnt ist, Konflikte zu durchschauen und auf Probleme differenziert zu reagieren. Bisher war er derjenige, der Gehorsam einforderte, der die Richtung bestimmte; diese Dominanz des „Hausvaters" hat ihm die Sicherheit gegeben, alles „im Griff" zu haben.

PRÜFUNGSAUFGABEN UND LÖSUNGEN

VII I,6 Textanalyse mit weiterführendem Schreibauftrag

Aufgabenstellung
1. Analysieren Sie den letzten Teil von I,6 (S. 13, Z. 16 bis zum Ende der Szene).
2. Verfassen Sie einen Brief, den Lessing nach der Uraufführung (13. März 1772) an seinen Bruder Karl schreibt und in dem er die gesellschaftskritischen Tendenzen des Dramas anspricht.

Lösung
Aufgabe 1:

A) Einordnung: Marinelli hat dem Prinzen die bevorstehende Hochzeit „einer" Emilia Galotti mit dem Grafen Appiani mitgeteilt. (Unklar ist, ob Marinelli von der Liebe des Prinzen weiß, da er aber stets gut informiert ist, ist dies wahrscheinlich; d.h. die Gesprächsführung wird bewusst wie ein „Katz-und-Maus"-Spiel in die Länge gezogen.)

B) Hauptteil
1. Handlung und Gliederung „Der Zusammenbruch des Prinzen"
Der Textausschnitt stellt den Höhepunkt der Szene dar: Der Prinz versichert sich, dass jene Emilia gemeint ist, die er liebt; gerät außer sich, verhält sich sprunghaft und unkontrolliert (vgl. Bühnenanweisungen); beklagt verzweifelt, keinen Freund zu haben, beschuldigt Marinelli, ihn hintergangen zu haben; kündigt an, Marinelli niemals zu verzeihen.

„Marinellis Wiederaufstieg"
In dem folgenden Teil der Szene versichert Marinelli von dieser Liebe nichts gewusst zu haben; der Prinz wirft sich Marinelli mit der Bitte um Verzeihung in die Arme, Marinelli emotionalisiert weiter, indem er dem Prinzen vorwirft, gar keinen Freund haben zu wollen. Verzweifelt bittet der Prinz Marinelli, ihm zu helfen. Zynisch empfiehlt Marinelli dem Prinzen Emilia „aus der zweiten Hand" zu „kaufen", um dann hinterhältig daran zu erinnern, dass Emilia ja außer Landes gehe; der Prinz gerät völlig außer sich und bettelt Marinelli an, für ihn „zu denken".

„Marinellis Triumph"
Marinelli verlangt vom Prinzen „freie Hand", holt sich die Genehmigung für alles, was er plant, und fordert ihn auf, sofort zu seinem Lustschloss Dosalo zu fahren. Er skizziert knapp den Plan, Appiani als Gesandten unmittelbar abreisen zu lassen.

2. **Personenkonstellation**
Der Prinz verweist zunächst auf die Standesunterschiede („Ich habe zu fragen"), herrscht Marinelli an, verliert aber sogleich wieder den Abstand zu ihm; ist psychisch labil, klammert sich an Marinelli, kann keinen eigenen Plan entwickeln; bittet um Hilfe, hebt damit die Standesschranken wieder auf, liefert sich Marinelli völlig aus („freie Hand"), akzeptiert Marinellis Anordnungen (befehlsartig vorgetragen!).

Marinelli agiert geschickt, steigert durch hinhaltendes Taktieren die Emotionen des Prinzen, schürt dessen Leidenschaft durch Andeutungen, kehrt die Anklage (bezüglich der fehlenden Freundschaft) um, erhält völlige Handlungsfreiheit (wahrscheinlich plant er den Mord an seinem Feind „Appiani", sollte der erste Plan scheitern – s. verräterische Aussage: „so denk ich"); beherrscht den Prinzen, erteilt ihm Anweisungen, setzt sich über Gefühle anderer (Emilia) hinweg; skrupellos in der Planung; schätzt seinen Herren zutreffend ein.

3. **Sprache**
Prinz: anfangs erregte Fragen, steigende Unruhe; Wiederholungen und Ellipsen als Zeichen der Aufregung („Diese"); emphatische Ausrufe („Henker", „Verräter"); Pausen, Anaphern („mögt ihr") zeigen Gefühlsintensität; (die sprachliche Erregung spiegelt sich in den Regieanweisungen wider, die hier gehäuft eingesetzt werden).

Marinelli: stereotype Antworten, Einwortsätze, rhetorische Fragen; Zitate („Freunde") verdeutlichen die sprachliche Nüchternheit und emotionale Überlegenheit; zum Schluss hin gehäufte Fragen wie bei einem Verhör; verwendet metaphorische Ironie („Ware aus zweiter Hand – wohlfeiler, allerdings auch schlechter"), beleidigt damit auch den Prinzen; lässt den Prinzen durch unvollständige Informationen im Ungewissen über seine Pläne, für die er dann absolute Handlungsfreiheit beansprucht; hat damit den Prinzen völlig in der Hand.

C) Schluss – Funktion der Szene
- Beginn der Intrige und der Handlungshoheit Marinellis;
- Versagen des Herrschers, der sich völlig in die Hand Marinellis begibt;
- Skrupellosigkeit gegenüber dem Bürgertum wird deutlich;
- vom Begehren des Prinzen aus wird die folgende Handlung in Gang gesetzt;
- Schwäche des Prinzen macht die Katastrophe unaufhaltsam („freie Hand").

Aufgabe 2:
Lessings Brief an seinen Bruder (nach der Uraufführung)
Einleitender Hinweis darauf, dass er selbst (wegen Zahnschmerzen!) nicht an der Uraufführung teilgenommen hat, macht deutlich, dass dies allerdings eine politische Krankheit gewesen sei, da das Drama eine Anklage sei gegen die Unmoral und Skrupellosigkeit des Adels.

Lessing präzisiert die Anklage: Skrupellosigkeit des Adels, mangelnde Moral, fehlendes Rechtsbewusstsein, Triebhaftigkeit.

Der Prinz akzeptiert bedenkenlos die Intrigen seines Untergebenen, gibt ihm absoluten Rechtsschutz und lässt damit Verbrechen zu, erniedrigt sich gegenüber seinem Untergebenen, indem er ihn zum Handlanger seiner sexuellen Wünsche macht, sieht Untertanen als bloßen Besitz an, über den man wahllos verfügen kann.

Lessing demonstriert in der Figur Marinellis die gewissenlos-intrigante Seite des Hofstaates und verdeutlicht die Deformation des Menschen am Hof, der keinerlei Gefühl oder Ehrbegriff mehr hat;
- zeigt weiterhin, dass Höflinge wie Marinelli sich entwickeln können, wenn Werte wie Menschlichkeit, Ehrlichkeit, Rechtssicherheit, ehrliche Liebe, Selbstbestimmung außer Kraft gesetzt werden;
- verdeutlicht, dass absolutistische Willkür privates Glück unterdrückt; Macht unterläuft bürgerliche Tugenden, Unmoral besiegt Liebe.

Die Katastrophe hat ihren Ursprung in der Hierarchie des Staates und den skrupellosen Charakteren am Hof. Abschließend vielleicht der Hinweis darauf, dass das Drama so angelegt ist, dass diese vernichtende Kritik des Hofes nur angedeutet ist.

VIII Frauenbilder im 18. und 19. Jahrhundert: Erörterung

Aufgabenstellung

Setzen Sie sich anhand zweier Werke aus dem 18. und 19. Jahrhundert mit dem jeweiligen Frauenbild auseinander.

Mögliche Werkauswahl 18. Jahrhundert: Lessing, „Emilia Galotti" (Adel und Bürgertum: Gräfin Orsina, Emilia oder Claudia Galotti); Goethe, „Faust I" (Gretchen); weniger geeignet sind Ideendramen (z. B. Goethe, „Iphigenie" oder Schiller, „Maria Stuart").

Mögliche Werkauswahl 19. Jahrhundert: Büchner, „Woyzeck" (Marie); Fontane, „Effi Briest" (Effi); Fontane, „Irrungen, Wirrungen" (Kleinbürgertum und Adel: Lene und Käthe); thematisiert werden sollte dabei der Epochenumbruch 18./19. Jahrhundert.

Frauenbild: Einerseits geht es um die individuelle Charakteristik der Frauen, zugleich aber auch um allgemeine Lebensumstände, Möglichkeiten einer individuellen Entfaltung, Erziehung, Einstellungen, Werte, Verhältnis der Lebensschicksale, die sich aus der entsprechenden gesellschaftlichen Situation ergeben.

(Der folgende Klausurentwurf beschränkt sich auf Lessings Drama „Emilia Galotti".)

Lösung

A) Einleitung (Begründung der Werkauswahl)

Lessings Drama ist besonders geeignet, da Bürgertum und Adel gegenübergestellt werden, unterschiedliche Wertvorstellungen und Lebensumstände sind erkennbar.

B) Hauptteil

1. Gräfin Orsina

a) **Herkunft und Situation:** verlassene Geliebte des Prinzen, ist bereit, auch nach der Heirat des Prinzen als Mätresse am Hof zu bleiben, entspricht damit der sexuellen Freizügigkeit des Adels, beweist aber zugleich ihre Unabhängigkeit bei Entscheidungen (Gegensatz zu Emilia); aufgrund ihrer Erziehung beherrscht sie die höfischen Regeln, kann daher Marinelli einschätzen und zutreffend auf ihn reagieren; schätzt jedoch Emilia und Odoardo falsch ein.

b) **Charakterisierung:** wird zu Beginn des Dramas vom Prinzen negativ charakterisiert („stolze höhnische Miene", „Ansatz trübsinniger Schwärmerei"); Marinelli bezeichnet sie als „Närrin", der die Bücher „den Rest geben" werden; damit entlarven sich jedoch Prinz und Marinelli selbst: der Prinz verleugnet seine Geliebte, die er sogar hat malen lassen; Marinelli zeigt, was er von intellektueller Beschäftigung hält.

Das negative Bild ändert sich schon beim ersten Auftreten Orsinas; sie ist schlagfertig, Marinelli sprachlich und geistig überlegen, macht sich lustig über ihn („Gehirnchen", „nachplauderndes Hofmännchen"); in direktem Kontakt mit ihr versagen Marinellis Mittel, sie abzuwerten („Philosophin", „geistesgestört").

Orsina reagiert kühl und entlarvt Marinellis abwertende Einschätzung von Frauen („Ein Frauenzimmer, das denkt, ist ebenso ekel als ein Mann, der sich schminket").

c) **Verhalten und Handlungsziele:** Orsina lässt den Prinzen bespitzeln, hat daher umfassende Informationen, aus denen sie dank ihrer Klugheit und Erfahrung am Hof die zutreffenden Schlüsse hinsichtlich des Überfalls zieht („der Prinz ist ein Mörder" und Marinelli der „Teufel, der ihn dazu verleitet hat!"); aufgrund ihrer eigenen Moralvorstellung zieht sie jedoch hinsichtlich Emilias Gefühlen falsche Schlüsse, hält sie für mitschuldig („wenn ihre Tochter freiwillig sich hierher gerettet").

Orsina reagiert in ihrer Eifersucht – trotz ihres flammenden Hasses – überlegt, indem sie Odoardos Emotionen anstachelt und ihn zum „Rächer" ihrer Beleidigung machen will, verkennt jedoch aus ihrer adligen Perspektive die Kraft bürgerlicher Werte (Odoardos Ziel ist nicht Rache am Prinzen, sondern Buße für Emilia, d.h. kein Mord am Prinzen, sondern Klosterleben für Emilia).

Sie ist zwar bereit, öffentlich Anklage zu erheben, jedoch eher zur Befriedigung ihrer Rachegedanken (vgl. auch „himmlische Phantasie … Heer der Verlassenen").

d) **Frauenbild:** Orsina durchschaut die Arroganz der männlichen adligen Welt, entlarvt deren Skrupellosigkeit, ist jedoch selbst noch tief verankert in adliger Denkweise (moralische Bedenkenlosigkeit, Skrupellosigkeit) und benutzt Odoardo als Rächer, d. h. sie zeigt kein verantwortungsbewusstes Handeln im Sinne des Allgemeinwohls, sondern hegt nur persönliche Rachegedanken.

Sie vertritt im Hinblick auf Selbstbestimmung und Emanzipation Gedanken der Aufklärung, ihre Belesenheit ermöglicht ihr zwar intellektuelle Überlegenheit, sie kann sich aber noch nicht von ihrer adligen Herkunft lösen.

2. Emilia

a) **Herkunft:** bürgerliches Elternhaus, erhält Erziehung in der Residenzstadt auf Wunsch der Mutter gegen den Willen des Vaters (es bleibt allerdings unklar, worin diese Erziehung besteht), soll in die Welt des Adels eingeführt werden, hat einen adligen Verlobten, der allerdings deutlich bürgerliche Werte vertritt.

b) **Charakter:** gehorsam, folgt nachgiebig Autoritäten (Anordnungen der Mutter, den Wünschen des Prinzen) und stellt eigene Bedenken und Wünsche gegenüber Autoritäten zurück.

Sie sucht die Schuld an Verfehlungen des Prinzen zunächst bei sich;
– ist bei Konflikten überfordert, wirkt furchtsam, kann trotz der Erziehung in der Stadt nicht den höfischen Anforderungen entsprechen;
– ist tief religiös und hat daher ein sehr klares Bild von Sünde (von der Bibel geprägt), das ihr Handeln (einschließlich des Gehorsams) bestimmt.

c) **Verhalten und Handlungsziele:** Emilia ist deutlich von außen fremdbestimmt; sie flüchtet eher, als dass sie Widerstand leistet (Todeswunsch kann als Flucht verstanden werden); sie folgt in ihrem Todeswunsch einem literarischen Vorbild und weniger der eigenen Vorstellung.

d) **Frauenbild:** Im Gegensatz zu Orsina wird Emilia weitgehend von außen bestimmt; sie versucht, dem bürgerlichen Tugendsystem zu entsprechen, ist im Sinne der Aufklärung unaufgeklärt, im Wesentlichen orientiert an Grundprinzipien des Gehorsams und der Religiosität, kann daher nicht zu Autonomie gelangen, ist intellektuell widerstandslos. – Erst zum Schluss gewinnt Emilia Eigenständigkeit.

C) Schluss

Im Vergleich der beiden Frauen zeigt sich, dass das Bürgertum noch in alten Denkweisen verhaftet ist, während aufklärerische Ideen eher beim aufgeklärten Adel eine Chance haben sich durchzusetzen. Das Bürgertum ist durch die starke Betonung des Privaten gegenüber dem öffentlich handelnden Adel unterlegen. Das Drama zeigt mit den beiden Frauenfiguren zugleich die Kritik an der bürgerlichen Erziehung, aber auch an der Lasterhaftigkeit des Adels, damit ist es gekennzeichnet als ein deutliches Zeugnis der Übergangszeit; die Wertvorstellungen des Bürgertums werden akzentuierter.

Stichwortverzeichnis

A
Angelo 15f., 25, 31, 123
Appiani 53ff.
- Abkehr vom Hof 10, 17, 21, 54, 61, 67, 85, 108, 121, 133f.
- Konfrontation mit Marinelli 21f., 28, 63, 91, 123ff.
- Liebe und Gefühl 19, 53, 55
- Odoardo als Vorbild 19f., 54
- „Romantisches Ideal" des einfachen Lebens 53, 86, 94f.
- Tod 25, 31, 35, 37, 42

B
Bild und Abbild 6ff., 49, 55ff., 61, 79, 96ff.
Bürgerliche Tugenden 20, 39, 41, 55, 60, 65f., 68f., 81, 87f., 108, 133f., 140, 143
Bürgerliches Trauerspiel 56, 87f., 93, 107ff., 132, 134

C
Conti 6ff., 55ff., 77, 79, 96ff., 103

F
Funktion der Räume 23, 66, 93ff., 126

G
Galotti, Claudia 76ff.
- Einfluss auf Emilia 18f., 133
- Kritik an Odoardos Haltung 17, 132
- Mütterlicher Instinkt 28f., 37, 64, 68, 70, 79
- Städtische Kultur 16f., 76, 121
- Verschweigen 18f., 59, 78
Galotti, Emilia 79ff.
- Erziehung 16, 67, 76f., 81, 87, 122, 127, 133, 141, 143
- Fremdbestimmtheit 18f., 51, 76, 80, 88, 143
- Frömmigkeit 66, 81, 87, 95, 134
- Klosterleben 38, 40, 73, 75, 129, 136, 142
- Konstruierte Mitschuld am Tod Appianis 36, 41f., 84
- Nachstellungen des Prinzen 9ff., 17f., 24, 26ff., 48ff., 82, 100, 126ff.
- Perlen 20, 83
- Rose 20, 44f., 86, 88f.
- Todeswunsch und Tod 75, 87f., 101, 143
- Unschuld 36, 42, 44, 53, 74, 84f.
- Verhältnis zu Appiani 55, 86

Galotti, Odoardo 67ff., 120f., 129f.
- Abneigung gegenüber der Stadt und dem Hof 15f., 67, 94
- Konflikt mit Marinelli und dem Prinzen 38, 40, 63, 71, 73, 136
- Rolle als Vater 14f., 42ff., 68, 133
- Selbstüberschätzung und Hilflosigkeit 17, 69f., 137
- Unruhe 35, 40, 68f., 94, 126, 133
Gewalt 24f., 27, 36, 44, 50f., 58f., 87ff., 92f., 95f., 105f., 128, 130, 133, 137

O
Orsina 56ff., 141f.
- „Belesene Närrin" 10, 56, 142
- Geliebte des Prinzen 6, 32, 34, 49, 56
- Instrumentalisierung Odoardos 35f., 39, 42, 59
- Konflikt mit Marinelli 10, 32ff., 57, 64
- Rache 36, 60, 71, 80
- Verleumdung Emilias 36, 135f.

M
Marinelli 61ff.
- Fehlende Menschenkenntnis 30, 50, 52, 64, 78
- Hass auf Appiani 10, 21f., 25, 28, 53, 63, 91
- Intrigen 11, 24f., 28f., 41, 50, 62, 73, 93, 101f., 121, 136
- Vertrauter des Prinzen 6, 9ff., 23f., 31, 41, 48, 61, 124, 131, 138f.

P
Pirro 14ff., 94, 123, 134
Prinz von Guastalla 46, 126ff.
- Gefühlsschwankungen 6ff., 26, 32, 50, 62f.
- Einstellung zu Verbrechen 31f., 92, 130, 140
- Liebe 7, 11, 49, 56f.
- Machtfülle des absolutistischen Herrschers 42, 47f., 52, 74, 83, 92f., 109
- Skrupellosigkeit 11, 51, 92, 128, 130
- Todesurteil 12f., 128
- Verführer 18, 27f., 77f., 86, 121, 130
- Willkürherrschaft 6, 46f., 49, 52, 126f.

V
Virginiamotiv 44, 104ff.